GUIDES DES CARRIÈRES

LA CARRIÈRE D'AVICULTEUR

LIBRAIRIE [illegible]
59 Bd [illegible] PARIS

La Carrière d'Aviculteur

C. 56.

PREMIÈRE PARTIE

La carrière d'aviculteur

Les circonstances économiques qui nous obligent de plus en plus à tirer parti de tout, ont mis depuis quelques années l'élevage des animaux de basse-cour au tout premier rang des questions intéressant la production française.

Il est communément admis que, dans une exploitation agricole quelconque, la basse-cour rapporte, en moyenne, moitié bénéfice et par conséquent qu'une fermière qui vend au marché une paire de poulets 40 fr., réalise un bénéfice net de 20 francs.

Ce bénéfice déjà très intéressant, si l'on songe au faible surcroît de main-d'œuvre que nécessite l'entretien de la basse-cour d'une ferme, peut être très sérieusement augmenté selon la nature de l'élevage prédominant et selon les régions.

On a longtemps discuté sur l'importance de ce bénéfice et il nous vient encore à l'esprit les propositions encourageantes présentées par certaines revues d'avant-guerre : « Trois mille francs de rente avec 10 clapiers ou avec 100 poules. »

Sans vouloir reprendre une discussion sur ce thème, il convient cependant de dire que le bénéfice peut s'élever sensiblement suivant la nature de l'élevage. Il est bien évident que la vente des poulets et chapons de la Bresse et de la Sarthe, laisse plus de profit que celle des poulets communs, que l'élevage des lapins angoras ou du lapin à fourrure, de l'oie pour la production des foies, du dindon, des pigeons de rapport sont aussi très amplement rémunérateurs, dans la plupart des cas.

Aussi, depuis un certain nombre d'années, devant les résultats remarquables obtenus à l'étranger, a-t-on fait en France une réclame autour de l'industrie avicole.

Nombre de petits cultivateurs qui ne considéraient les produits de la basse-cour que comme un appoint négligeable ont cherché à industrialiser cette production ; des châtelains n'ont pas hésité à abandonner des écuries de course trop dispendieuses pour se livrer à l'aviculture, de même les petits rentiers, les ouvriers ont envisagé un moyen d'augmenter leurs ressources et d'assurer en outre, une alimentation saine et économique à leur famille ; enfin des sociétés, des spécialistes disposant de quelques capitaux, se sont mis à exploiter la basse-cour d'une façon rationnelle.

Dire que ce revirement brusque d'opinion n'a pas occasionné des désillusions, serait peut-être exagéré. Il ne faut pas croire en effet que les volailles, les lapins, etc... s'élèvent au petit bonheur, il ne faut pas ignorer qu'un capital est nécessaire pour exploiter un établissement avicole, il faut en outre être préparé d'une façon technique, pratique et commerciale à cette exploitation et faire preuve d'une grande persévérance.

C'est pour avoir négligé d'envisager ces conditions de réussite que beaucoup de personnes ont fait fausse route dans l'élevage des animaux de basse-cour.

Pour éviter que de semblables erreurs se reproduisent, le débutant qui veut installer un élevage industriel, doit faire preuve d'esprit entreprenant d'une méthode et d'une prudence raisonnées et d'une connaissance parfaite de la question des débouchés. Mais pour élever et produire industriellement, au plus bas prix de revient, avec des animaux à grand rendement et des méthodes convenables, pour assurer l'écoulement régulier des produits, il faut aussi avoir de grandes qualités professionnelles.

Comment acquérir ou fortifier ces qualités ?

Comment devenir en un mot un aviculteur ? Ce sont les deux questions auxquelles nous allons tâcher de répondre.

L'aviculture se divise en un certain nombre de branches qui tendent à se multiplier en raison même de la spécialisation qu'elles permettent. C'est ainsi que l'on trouve des exploitations d'élevage: de lapins en vue de la production de la fourrure et de la viande, de poules en vue de la production des œufs et de la viande ou même dans le but de vendre uniquement les produits; de canards en vue de produire soit la viande, soit les œufs; d'oies, dans le but d'obtenir soit la viande, soit la viande et le foie, soit les plumes; de pigeons de rapport ou de fantaisie, etc.

Ces différents modes d'exploitations nécessitent évidemment des organisations spéciales, mais les principes qui doivent guider l'aviculteur sont sensiblement du même ordre, aussi pour mieux concrétiser l'étude qui nous occupe, prendrons-nous comme type d'exploitation celui de l'élevage des poules en vue de la production des œufs.

Quelles sont les conditions de réussite d'une exploitation de poules pondeuses?

La création d'une telle exploitation correspond à la constitution d'une affaire industrielle, attendu qu'elle deviendra une usine de transformation des aliments en œufs et accessoirement en viande.

Le problème à résoudre est donc le suivant.

Comment transformer le plus économiquement possible les aliments en produits destinés à être vendus, pour obtenir le maximum de profits.

Ainsi posé, ce problème présente de grandes analogies avec celui que doit résoudre un industriel dans l'une quelconque des branches de l'activité humaine.

Pour en tirer une solution satisfaisante, il est nécessaire de comparer constamment le prix de revient et le prix de vente, d'étudier le moyen d'abaisser le premier en vue de diminuer le second et de calculer les bénéfices sur l'abondance des produits et non sur leur rareté, en assurant des débouchés importants pour la vente, cette question devant former un tout non dissociable.

On en conclut logiquement que les conditions de réussite dans une exploitation avicole résident d'abord dans la valeur personnelle de l'aviculteur, dans sa préparation professionnelle et commerciale.

Il faut en effet que l'aviculteur soit à même: 1° de choisir et d'organiser le milieu, tant au point de vue du climat, du sol, que des facilités d'approvisionnement et de débouchés; 2° de constituer le troupeau; 3° d'en assurer l'alimentation en vue d'obtenir la meilleure production et le plus fort rendement en œufs au prix de revient le plus bas; 4° d'améliorer constamment son exploitation pour la bonne compréhension des opérations qui en sont le but.

La valeur professionnelle peut être innée ou acquise, mais dans tous les cas, elle est toujours insuffisante et doit être accompagnée de connaissances professionnelles théoriques et pratiques très développées.

Nous pourrions citer à ce sujet de nombreux exemples faisant ressortir l'exactitude de cette affirmation. Que d'hommes intelligents et actifs, animés des meilleures intentions, ont échoué dans une telle entreprise, faute d'avoir acquis les connaissances professionnelles indispensables.

Pour bien mettre en relief cette importante question, nous allons examiner les différents problèmes qui peuvent se poser quand on veut installer l'exploitation avicole envisagée et nous mettrons par là même en évidence la nécessité pour l'aviculteur de posséder des connaissances professionnelles approfondies.

Les questions à résoudre immédiatement sont:

1° *Détermination du capital à engager en envisageant un rendement donné.*
2° *Choix du milieu.*
3° *Peuplement.*
4° *Sélection.*
5° *Logement des poules.*
6° *Elevage.*
7° *Etablissement des rations.*
8° *Organisation de la vente.*
9° *Conclusion.*

1° CAPITAL

La détermination du capital à engager est évidemment fonction du rendement que l'on désire obtenir.

Supposons, par exemple, que l'on envisage la production de l'œuf du jour, avec, comme accessoires, la vente d'œufs à couver et des coquelets et poules réformés, pour la chair.

La première question qui se pose est la suivante:

Combien une poule doit-elle pondre d'œufs pour rapporter un bénéfice donné et quelle doit être l'importance de l'exploitation pour que le bénéfice total soit celui escompté?

Pour la résoudre, il faut d'abord calculer la dépense par poule:

Nourriture: 130 à 150 grammes par jour.

Main-d'œuvre pour l'entretien et l'alimentation: 1 homme pour 500 à 600 poules par jour.

Amortissement en 10 années de l'installation (poulaillers et parquets), qui pourra coûter 50 francs par tête, soit 5 fr. par an.

Intérêt à 7 % du capital engagé, soit 70 à 80 fr. par tête.

Différence entre le prix d'achat d'une bonne poulette prête à pondre et sa vente à 3 ans, soit 15 fr.

Amortir en 2 ans: 7 fr. 50 par an.

Frais généraux: 5 fr. (à titre indicatif).

On arrivera à une dépense de 72 fr. environ dont les frais de nourriture représentent à peu près les trois quarts, ce qui est généralement admis.

Recette correspondante:

Si on compte sur un prix moyen de 0 fr. 60 par œuf, il faut, pour qu'une poule paie ses frais, qu'elle ponde au minimum 120 œufs.

Si l'on veut retirer un bénéfice intéressant, il est donc nécessaire d'arriver par la sélection à une moyenne supérieure à 120 œufs.

Les chiffres précédents n'ont absolument rien d'absolu; ils varient à l'infini suivant les conditions du milieu, les moyens dont on dispose pour assurer l'approvisionnement de la nourriture et l'aménagement plus ou moins facile des locaux.

Toutefois, l'exemple ci-dessus indique la marche à suivre pour calculer, dans chaque cas particulier, le capital nécessaire.

Quelle que soit la modération qui aura présidé à la détermination de ces prévisions, il faut, d'autre part, envisager des modifications ultérieures dans le système d'exploitation, des variations de cours plus ou moins favorables, des pertes accidentelles.

Si donc on veut établir une exploitation avicole sans disposer des locaux suffisants, il vaut mieux compter sur 100 fr. par tête et beaucoup plus, si de suite on veut acheter des reproducteurs de choix et exploiter à effectif complet, en ne profitant pas des ressources qu'offre l'élevage pour assurer le peuplement progressif du troupeau.

Considérons un troupeau de 500 poules. Nous venons de voir que, pour l'entretenir sans exagérer la dépense, il faut prévoir un capital de 50.000 francs dont il sera prudent de conserver la majeure partie pour l'exploitation et non pour l'achat du sol, qui peut très bien être affermé.

Si l'on veut arriver à produire au prix de revient le plus bas, il est nécessaire d'engager une mise de fonds la plus faible possible par tête de sujet, de choisir des poules à fort rendement et bien adaptées au milieu, en commençant avec un nombre restreint de sujets d'une lignée pure, en pratiquant dans la suite une sélection rigoureuse pour constituer le troupeau graduellement.

Il faut en outre établir un devis serré de construction, d'aménagement et d'achat d'appareils, en supprimant ce qui n'est pas indispensable et ce qui constitue un luxe ou un agrément et qui ne doit pas rapporter un œuf de plus.

Par contre, il ne faut pas faire d'économie inutile lorsqu'il s'agit d'assurer la séparation indispensable des poulaillers de ponte des poussinières, des poulaillers d'élevage, de même que l'achat de bonnes couveuses et éleveuses.

2° CHOIX DU MILIEU

Le milieu doit être judicieusement choisi, non seulement au point de vue du climat et du sol, mais aussi au point de vue des débouchés.

Il paraît raisonnable de choisir un emplacement qui offre les plus grandes facilités pour l'écoulement des œufs et des poulets et l'approvisionnement en grains.

La proximité d'une gare (quelques kilomètres) s'impose presque, si l'on veut supprimer les intermédiaires.

Supposons que nous ayons réalisé au point de vue strictement économique, les conditions requises; il nous faut maintenant situer notre ferme avicole.

En principe, si l'on envisage les facilités que peut procurer l'élevage et les conditions d'hygiène et de bonne venue des sujets, on réalise les meilleures conditions en disposant l'exploitation, en coteau bien exposé, à l'abri des vents dominants ou défavorables, sur un sol sablonneux, sain et ensoleillé, même de faible fertilité, pourvu que les parquets puissent être recouverts de verdure.

Si pour la même exposition, le sol est boisé ou planté en vergers, ou offrant de grands parcours aux volailles, il sera encore préférable surtout si au-dessous se trouvent des terres cultivables et capable de produire une partie de la nourriture.

Les bois et les vergers constituent en effet des parcours parfaits, bien abrités dont le dessus et le dessous sont productifs.

L'élevage et le verger se complètent, l'arbre apporte son ombrage, ses fruits tombés et ses insectes, les oiseaux le débarrassent de ses hôtes indésirables et lui fournissent l'engrais.

D'autre part, le verger avicole dispense d'utiliser pour les parquets des terres de très bonne qualité, qui peuvent être utilisées dans de meilleures conditions ou des terrains arides qui ne peuvent fournir la nourriture nécessaire.

Quelle que soit la fertilité du sol choisi, il importe surtout que ce sol soit à l'abri des vents dominants (mistral dans le midi, vent d'autan dans le sud-est, vent d'ouest dans les contrées maritimes, vents froids du nord et de l'est), qui exposent les volailles au froid ou aux rafales d'eau.

On peut objecter qu'il est facile de construire des abris ou de les constituer avec des plantations ou des rideaux d'arbres; c'est évidemment exact, mais il est préférable de choisir dans chacune des régions envisagées un emplacement naturellement bien abrité.

Il convient maintenat de déterminer la surface à occuper en considérant que la surface du début devra devenir plus importante dans la suite, au fur et à mesure que le troupeau s'accroîtra.

En Amérique, on estime qu'un hectare de libre parcours ensemencé en luzerne ou en trèfle convient à 800 jeunes poulets ou à 800 poules, ce qui donne une surface de 12 mètres carrés par tête. Or, si l'on compte que, sur un hectare de terrain bien utilisé, on peut élever 1/4 de poules de deux ans, 1/4 de poulettes d'un an, 1/4 de poulettes destinées à remplacer à l'automne les poules de 2 ans et 1/4 de coquelets, on peut dire qu'un hectare permet d'exploiter 200 poules et 200 poulettes en ponte; mais il n'est pas toujours facile de calculer la surface nécessaire sur de semblables bases en France, en raison de la plus ou moins grande accessibilité du terrain.

Il ne faut pas oublier que la première chose à considérer dans les parcours, c'est la pousse de l'herbe qui est un aliment excellent, un refuge pour les insectes dont les poules sont friandes et le meilleur désinfectant que l'on connaissance, on peut même dire que sans culture herbacée, aucun élevage de volailles n'est possible.

Pour l'exercice des poules, 5 mètres carrés par tête suffisent; pour les coquelets et les poulettes en croissance, 10 mètres carrés conviennent, mais il faut compter que, pour la pousse de l'herbe et la désinfection complète du sol, 25 mètres carrés par animal ne constitueraient pas une surface trop grande.

Or, bien souvent, on se contente de 2 mètres carrés par poule ou poulette pondeuse et de 10 mètres carrés par poulette ou coquelet en croissance. D'après la base précédente, on pourrait élever ou tenir sur un hectare de terrain, environ 400 poules de deux ans, 400 poulettes d'un an, 400 pouletes destinées à remplacer les poules de 2 ans et 400 coquelets.

Cet exemple ne peut être considéré que comme un cas extrême et nous sommes enclin à admettre par tête le double de surface envisagée; nous arriverons ainsi à peu près au même chiffre qu'en Amérique.

Dans ces conditions, on pourra donner à chaque poulailler deux parquets chaque fois que les dispositions du terrain le permettront, on aura, de ce fait, un parquet de repos pour la reconstitution de l'herbe, pendant que l'autre sera occupé, on pourra même diviser un troupeau en deux, à certaines périodes.

Si ces conditions ne peuvent être remplies, il sera absolument nécessaire cependant d'avoir au moins un ou deux parquets de rechange, afin de désinfecter, retourner et réensemencer tour à tour chaque parquet.

3° PEUPLEMENT

Nous avons des races communes sélectionnées pour la ponte, qui donnent d'excellents résultats, mais, dans le cas particulier qui nous occupe, nous choisirons au début une race ou plutôt une lignée remarquable et bien sélectionnée comme pondeuse industrielle, telle que les Leghorns blanches, et les Wyandottes blanches. Nous aurons évidemment quelques difficultés à écouler les coquelets, mais nous serons certains dès l'origine d'avoir un rendement en œufs satisfaisant.

On peut aussi envisager l'emploi d'une race à deux fins, excellente pondeuse et donnant une viande recherchée comme la Bresse noire, la Bresse blanche, la Gâtinaise.

Nous croyons cependant avantageux pour le moment de commencer l'aviculture industrielle avec des lignées sélectionnées depuis longtemps et de mener de pair la sélection méthodique et persévérante de nos bonnes races françaises, qui sont adoptées dans tous les milieux, qui donnent un rendement général intéressant et qui deviendront inévitablement dans la suite les races véritablement industrielles.

Ayant choisi la race, comment assurera-t-on le peuplement ?

Diverses méthodes peuvent être adoptées.

Acquisition et mise en incubation d'œufs des souches précédentes.

Achat de poussins.

Achat de poulettes susceptibles de fournir les œufs que l'on pourra vendre à la consommation et qui assurent les besoins de l'exploitation.

Composer un troupeau avec les sujets que l'on peut trouver de façon à obtenir une production immédiate et constituer à côté une souche de bons reproducteurs sélectionnés et à sélectionner, qui remplaceront progressivement les premiers reproducteurs.

On conseille aussi d'acheter à bon compte de bons reproducteurs de 3 ans dans de grands élevages, de façon à obtenir très économiquement des œufs à couver d'excellente souche.

La première méthode, celle de l'achat des œufs et de leur mise en incubation, trouve de nombreux adeptes, mais elle exige des possibilités financières permettant une longue période de début, sans aucun profit, et des possibilités matérielles d'installation, ainsi que des connaissances pratiques très développées sur la conduite de l'élevage des jeunes.

En tous cas, si on l'adopte, il faut tenir compte pour la mise en incubation des conditions dans lesquelles on se trouve et de l'âge auquel les poulettes d'une race donnée commencent à pondre. Les Leghorns blanches par exemple entrent en ponte au bout de 4 mois et demi à 5 mois, tandis que les Wyandottes blanches ne commencent à pondre qu'au bout de 6 mois à 6 mois et demi.

Si on tient compte de la mue de septembre-octobre, il faudra donc, pour que toutes les poulettes entrent en ponte en même temps, mettre en incubation les œufs des premières en avril et ceux des secondes au début de mars.

Pour les raisons d'ordre technique et économique précédemment exposées, cette méthode n'est guère à recommander pour les débutants ; il est préférable d'acheter d'excellentes souches de poulettes ou de poules, de façon à former un ou plusieurs parquets et en même temps d'acheter et de mettre en incubation un certain nombre d'œufs provenant de lignées remarquables.

4° SELECTION

Si l'on veut produire l'œuf de consommation à bon compte, il est absolument indispensable de sélectionner les pondeuses et d'en obtenir des lignées dont on contrôlera la ponte.

La constitution des lignées doit être faite avec des reproducteurs de tout premier ordre.

On les choisira en tenant compte des considérations suivantes :

Une poule reproductrice doit être entrée dans sa deuxième année de ponte ; elle doit être robuste, rustique et doit avoir pondu pendant la première année 200 à 250 œufs, pesant de 60 à 70 gr., dont 60 à 70 pendant les trois mois d'hiver.

Sa mère doit avoir obtenu les mêmes records.

Son père et sa mère doivent avoir eu comme mère une pondeuse ayant donné 240 à 250 œufs par an et comme père le fils d'une pondeuse du même ordre.

En remontant ainsi jusqu'à 2 ou 3 générations, on a beaucoup de chances de voir les qualités exceptionnelles de bonne pondeuse se transmettre.

Il ne faut pas oublier que c'est le coq qui transmet le plus fidèlement les bonnes aptitudes à la ponte de la mère ; il ne faut donc pas négliger de connaître son origine.

Chacun des reproducteurs pourra avoir une fiche spéciale de la forme suivante :

<table>
<tr><td rowspan="8">Numéro
NOM — SEXE</td><td rowspan="4">Père N°
x Age</td><td rowspan="2">Père</td><td>Père</td><td rowspan="8">Observations sur les ascendants remarquables connus, etc.</td></tr>
<tr><td>Mère</td></tr>
<tr><td rowspan="2">Mère etc.</td><td>Père</td></tr>
<tr><td>Mère</td></tr>
<tr><td rowspan="4">Mère N°
7 - 250 (50) - 215 (47) etc.
Age</td><td rowspan="2">Père</td><td>Père</td></tr>
<tr><td>Mère</td></tr>
<tr><td rowspan="2">Mère etc.</td><td>Père</td></tr>
<tr><td>Mère</td></tr>
</table>

Les chiffres 250 (50) signifient que la poule a pondu 250 œufs pendant l'année, dont 50 pendant les trois mois d'hiver.

Cette fiche sera heureusement complétée par une **fiche bis**, mentionnant les descendants les plus remarquables, comme il est indiqué ci-après :

Poule N° 15	Poule N°	Année	Ponte	Œufs couvés	Sujets remarquables issus
Nom — (Coq) 2 ans Gatinais	21 — 2 ans Gatinaise	1924 1925 1926 —	250 (54) 220 (41)	100=40C+50P+10	N° 128 (56)
	23 — 1 an Gatinaise				

On voit par ce tableau que la poule n° 21, 2 ans, gâtinaise, a pondu en 1924 250 œufs, dont 54 pendant les mois d'hiver et que, sur 100 œufs qui ont été mis en incubation, 90 ont donné 40 coqs et 50 poules et 10 n'ont pas donné lieu à éclosions.

Pour les sujets remarquables qui en sont issus, on se contente généralement d'indiquer le nombre d'œufs pondus pendant l'hiver (56 par exemple).

Voilà donc établis les papiers d'identités de nos animaux de choix.

Comment pratiquer la sélection dans la suite?

La sélection des poules pondeuses consiste à choisir les sujets possédant particulièrement le type de la race ou de la lignée, à laquelle ils appartiennent, la robustesse, la vigueur et la précocité maxima et donnant le maximum de gros œufs. Elle doit aussi tenir compte de l'adaptation, l'acclimatation des sujets dans le milieu que l'on veut exploiter. Il serait en effet complètement inutile de fonder des lignées de pondeuses remarquables si pratiquement elles ne donnaient pas dans ce milieu les rendements envisagés ou si leurs produits étaient d'avance dépréciés sur les marchés où ils peuvent être vendus.

Il convient donc de poursuivre la sélection des générations successives d'une même souche, en éliminant les sujets médiocres et mauvais.

Evidemment, des phénomènes de régression et d'atavisme se manifestent, mais il convient de dire que, plus la sélection est poussée, plus la fixation des qualités requises s'accentue. C'est ainsi que l'on forme par l'élevage pedigrée, des souches, des lignées, des familles remarquables.

Pour mener à bien cette sélection, deux méthodes principales sont en présence : 1° par la mensuration et les caractères extérieurs; 2° par le contrôle de la production par le nid-trappe.

Il y a bien encore d'autres méthodes qui mettent en évidence soit les aptitudes du père, soit celles de la mère, et qui sont plus ou moins scientifiques; mais les débutants tout au moins ne peuvent envisager que les précédentes qui ont leurs avantages et leurs inconvénients.

Nous ne pouvons entrer dans l'explication détaillée de la première, qui repose sur des observations minutieuses des caractères extérieurs des poules bonnes pondeuses sur de grands troupeaux.

Les principaux caractères à observer sont les suivants : la tête, la cavité abdominale, la forme du corps, le moment de la mue, la coloration, la précocité.

L'examen de la tête révèle la santé, la vigueur, l'âge, la finesse ou la grossiéreté, la plus ou moins grande virilité. Une tête déliée, étroite, fine, de coupe nette offre les caractères de féminité, la crète doit être grande et droite, à texture fine, les oreillons très développés, le bec court et de moyenne grosseur.

On peut dire qu'il n'y a pas de bonne pondeuse avec une mauvaise tête, mais il faut remarquer aussi qu'il y a beaucoup de mauvaises pondeuses avec une bonne tête.

La capacité abdominale est très importante; l'abdomen doit en effet contenir les intestins, la grappe ovarienne et permettre la dilatation de l'oviducte; le ventre doit être ample, la peau doit être élastique, souple, pouvant se distendre facilement; en général, la souplesse et l'ampleur du croupion, la texture de la peau, fine, souple, douce au toucher, représentent de bonnes conditions.

La capacité est certainement le principal caractère, le seul qui puisse d'ailleurs être chiffré. Il permet une mensuration très simple, qui consiste à évaluer la longueur et la largeur de l'abdomen; la longueur est l'espace compris entre l'extrémité du bréchet et les extrémités des os pelviens; la largeur est la distance entre les deux extrémités des os pelviens.

Ces mesures s'évaluent en doigts. On admet qu'une pondeuse dont la longueur et la largeur de l'abdomen mesurent respectivement 5 doigts et 3 doigts est une très bonne pondeuse.

La constitution du squelette très développé à ossature légère, tandis que les autres ont un squelette parfois réduit, aux os durs et gros, aux cartilages ossifiés; leur bréchet est parallèle à la ligne du dos et droit, la distance entre les deux os du bassin, de la carène au bréchet, est grande et accuse une bonne capacité abdominale et une propension à la ponte; la régularité, la finesse et la flexibilité des mêmes os sont aussi de bons signes.

D'autres caractères concernant la forme du corps ont été mis en évidence. On a reconnu qu'une bonne pondeuse est forte, saine, alerte, nerveuse, gaie; son corps est élancé, bien découplé, sa queue et ses ailes sont bien emplumées, son arrière-train n'est jamais proéminent.

On a remarqué également que la poule qui mue tard, fin octobre, et même en novembre est à préférer; celle qui mue en juillet et août, est généralement incapable de grands profits.

L'examen de la coloration peut être utile, même à un débutant, pour une première sélection. Les poules médiocres pondeuses sont dotées d'un supplément de graisse dans le corps qui se manifeste au dehors par une pigmentation jaune et qui accentue la coloration jaune des pattes, du bec aux oreillons de la face et de l'anus.

On recherche plutôt les caractères suivants :

Croupion, blanc et grand; tour des yeux, blanc ; crête etbarbillons, rouge écarlate ; lobe de l'oreillon (blanc laiteux pour les variétés à lobe blanc; bec, blanc; cuisses et pattes, blanches. Les races à pattes jaunes ont le bec, les pattes et les tarses légèrement teintés de jaune.

La précocité indique aussi que les poulettes sont de bonne souche et qu'elles ont été bien soignées et nourries. Il y a même une relation entre la ponte annuelle et l'âge où fut pondu le premier œuf. On a constaté que dans une bande de poulettes du même âge et dotées des mêmes soins et de la même nourriture, celles qui pondaient les premières, à 6 ou 7 mois, furent les meilleures pondeuses, tandis que celles qui commencèrent leur ponte à 8 ou 9 mois furent les plus mauvaises.

Enfin, d'autres caractéristiques peuvent aussi être intéressantes à examiner; c'est aussi qu'une bonne pondeuse est très vigilante, se lève de bonne heure se couche tard, elle accourt quand vous lui offrez de la nourriture; quand vous l'attrapez, elle ne paraît pas trop effrayée et continue même à bavarder, ce qui indique la douceur de son caractère; au contraire, la mauvaise pondeuse bat des ailes, cherche à se libérer et crie.

La méthode de sélection que nous venons d'examiner, lorsqu'elle est pratiquée par un éleveur qui sait observer, et lorsqu'elle porte à la fois sur la mensuration, la palpation, l'observation des caractères extérieurs, des pondeuses, se traduit par une augmentation de rendement. Elle est excellente pour faire un premier triage dans un troupeau de sujets de même âge, mais elle n'est pas d'une sûreté absolue surtout pour l'éleveur novice qui n'a ni l'habitude, ni l'habileté désirables fondées sur une longue série d'observations.

Nous ne pouvons guère la considérer que comme une première étape dans la sélection qui doit être rigoureusement faite par le contrôle de la ponte à l'aide du nid-trappe.

La sélection au nid-trappe exige un matériel important, une main-d'œuvre supplémentaire appréciable et très sérieuse, mais elle offre l'avantage indiscutable de présenter une rigoureuse exactitude.

Un nid-trappe est un nid dont la fermeture est automatique et se produit aussitôt après l'entrée de la poule, de telle façon qu'il est impossible à deux poules de se trouver à la fois dans le même nid et que celle qui pond ne puisse sortir d'elle-même.

Il y a une infinité de modèles de nids-trappes, dont la description serait fastidieuse pour le lecteur; les uns ont une porte à guillotine, d'autres une porte articulée à la partie inférieure et reliée à un plancher également articulé.

On peut même dire que toute personne ingénieuse peut inventer un nouveau modèle ou modifier à sa guise les modèles classiques.

Quoi qu'il en soit, il faut choisir un système simple et robuste, tel que la fermeture ne puisse effrayer les volailles.

Comme en belle saison, il arrive que la plupart des poules sont prises le même jour de l'envie de pondre; certains aviculteurs ont préconisé de mettre un pondoir par poule. Cette précaution est exagérée, car toutes les poules n'ont pas le même désir à la même heure. Il semble qu'un pondoir pour trois poules soit suffisant.

Il suffit de procéder à la visite des nids toutes les deux heures en période de ponte moyenne et toutes les heures au plus en période de pleine ponte.

Pour opérer la sélection, il convient de placer en octobre les poulettes dans leurs poulaillers de ponte et de commencer aussitôt le contrôle au nid-trappe.

Il faut alors tenir une comptabilité des performances. On se sert pour cela de feuilles de ponte dans lesquelles il y a autant de cases parallèles que de jours dans le mois; en regard du n° de la poule et du jour de la ponte, on marque dans la première, à l'aide d'un signe quelconque, un × par exemple, l'œuf pondu, et, dans la seconde colonne, la catégorie de sa grosseur. On totalise dans le bas le nombre d'œufs par grosseurs.

ANNÉE....... MOIS........ COQ N°....,

Jours	Poule				
	N°		N°		
1	×	2			
2	—				
3	×	1			
4	×	1			
5	—				
6	×	2			
7	×	1			

On complète ensuite les tableaux mensuels, par des tableaux annuels résumant pour chaque poule les totaux partiels indiqués que l'on additionne au bas de façon analogue, comme il est figuré dans le tableau suivant :

de ponte dans les familles de grandes pondeuses, on peut procéder par croisement des lignées ou par l'accouplement d'animaux très proches parents, au besoin des meilleurs sujets d'une même souche.

Si l'on s'aperçoit d'un affaiblissement de fécondité des reproducteurs ou de vigueur et de facilité d'accroissement des jeunes, il faut alors apporter un sang nouveau par l'intermédiaire du coq.

Pour terminer, insistons sur ce point qu'il est absolument indispensable de marquer les œufs obtenus dans les poulaillers de reproducteurs, si l'on veut suivre méthodiquement la descendance de ces derniers.

Il ne suffit pas de prévoir le choix des reproducteurs et le remplacement d'un troupeau, il faut aussi en assurer le logement à tous les stades de l'élevage.

Plusieurs systèmes d'installations ont eu et ont encore la faveur des aviculteurs, ce sont : la colonie formée de poulaillers éloignés sans grillage de séparation.

Le système extensif ou des petites agglomérations auxquelles est attenant un grand terrain clos.

Le système semi-intensif, formé de grosses agglomérations disposant de beaucoup de place.

Le système intensif comportant de grosses agglomérations sur un terrain très limité.

Ces systèmes donnent tous d'excellents résultats ou de très médiocres suivant les circonstances et l'habileté des personnes qui

Les grandes pondeuses.
(Titre et marque déposés.)
Élevage sélectionné par le Nid-Trappe.

PONTE INDIVIDUELLE ET ANNUELLE

1re Année de Ponte
Bague N° 10012

DATE 1916	1	2	3	4	5	6	7	8	9	10	11	12	13	14	15	16	17	18	19	20	21	22	23	24	25	26	27	28	29	30	31	TOTAUX par mois	TOTAUX additionnés
Octobre . . .											o			o		o																3	3
Novembre . .							o			o		o				o		o	o			o		o		o		o	o			11	14
Décembre . .	o		o	o		o		o		o																					o	7	21
Janvier 1917.	o	o		o		o			o	o		o		o		o	o		o	o		o				o			o	o		17	38
Février. . . .	o	o	o				o		o	o		o	o	o	o		o	o		o	o	o		o	o	o	o					19	57
Mars	o	o	o			o	o	o		o	o	o			o		o	o		o	o		o	o		o	o	o	o	o		21	78
	1	2	3	4	5	6	7	8	9	10	11	12	13	14	15	16	17	18	19	20	21	22	23	24	25	26	27	28	29	30	31		
Avril.	o	o		o	o		o	o	o	o		o	o		o	o	o	o	o	o	o	o	o				o	o	o	o		25	103
Mai.		o	o	o	o	o	o		o	o				o		o	o	o	o	o		o		o			o	o	o			19	122
Juin		o	o	o	o	o	o		o	o	o	o	o	o	o			o	o	o	o	o		o	o		o	o		o		23	145
Juillet		o	o	o	o		o	o		o	o				o	o	o	o		o	o		o	o	o			o	o	o	o	21	166
Août			o		o	o		o		o	o	o		o	o	o	o	o	o		o	o	o	o	o	o	o	o	o			22	188
Septembre . .	o	o		o	o	o	o	o	o		o	o	o	o		o	o	o	o	o		o	o	o		o	o	o	o			24	212
Octobre. . . .	o	o			o	o	o			o																						6	218

Remarque : Cet oiseau a pondu de novembre à février inclus : 54 œufs
Poule croisée avec le 160 M (1917) et le 172 M (1918).

Enregistrement annuel 218

L'examen de ce tableau, en fin d'année, permet d'éliminer les poulettes qui n'ont pas donné 150 œufs.

Partant de là, on conserve pour la reproduction les meilleures poules dont on garde les meilleurs coqs et commence ainsi à constituer un troupeau de valeur.

On a soin, dans tous les cas, de marquer les œufs et de baguer les poussins à la naissance pour les identifier.

Pour maintenir et accroître les capacités

ont essayé l'un ou l'autre; mais il doit être bien entendu que plus on se rapproche du système intensif, plus les soins d'hygiène deviennent nécessaires.

Quel que soit le système adopté, voyons comment on peut organiser un poulailler.

Le sol doit être sain et par conséquent bien sec, uni.

On peut construire le poulailler en pierres, en briques, en ciment armé, en bois, etc.

En général, la maçonnerie n'est pas à recommander pour plusieurs raisons: d'abord le prix de revient est trop élevé, ensuite la désinfection complète est difficile à réaliser enfin, la vapeur d'eau que dégagent les oiseaux se condense sur les parois en maçonnerie et l'atmosphère humide qui en résulte n'est pas favorable à la bonne santé des habitants.

Pour toutes ces raisons, on ne peut que conseiller le poulailler en bois, qui est du reste, le plus facile à construire. Mais, si l'on dispose déjà d'un local répondant aux conditions les plus élémentaires de l'hygiène, on ne doit pas hésiter à s'en servir. Il suffira de faire quelques badigeonnages au lait de chaux additionné de 2 % de sulfate de cuivre, pour éloigner les insectes et bien boucher les interstices qui peuvent se produire.

Un poulailler peut consister en une petite construction ou être formé d'une grande pièce composée de plusieurs compartiments, comme nous le verrons tout à l'heure, mais dans tous les cas les mêmes principes doivent être observés dans son aménagement.

La poule désire être perchée et se sentir à l'abri des bêtes malfaisantes; sa tranquillité pour passer la nuit est à ce prix.

Le poulailler doit donc avoir comme meuble indispensable un perchoir, et ses dimensions dépendront à la fois de la taille et du nombre des hôtes.

Le perchoir est constitué par des barres en bois de préférence quadrangulaires, aux arêtes rabattues, rabotées, ayant en moyenne de 5 à 8 cm. de large et 3 à 5 cm. d'épaisseur. Il est recommandé de ne pas employer de branches d'arbres, ni de bois ronds, car les premières ont une écorce qui sert trop facilement d'abri à une foule d'insectes nuisibles aux volailles; de plus, elles se fendent facilement et augmentent encore l'inconvénient précédent; les secondes, comme les premières d'ailleurs, obligent la poule à faire de constants efforts pour se maintenir en équilibre.

Le perchoir doit être facilement nettoyé et, par conséquent, doit pouvoir être enlevé sans difficulté. Sa longueur dépend du nombre de poules et de leur taille.

Les poules moyennes peuvent se contenter de 0 m. 20 à 0 m. 25, les gros animaux de 0 m. 30 à 0 m. 33, les petits de 0 m. 20 à 0 m. 20. Un seul perchoir ne suffit généralement pas; il convient d'en disposer deux ou plusieurs, horizontalement et à la même hauteur, espacés les uns des autres de 0 m. 50 à 0 m. 60 pour les grosses volailles et de 0 m. 40 à 0 m. 50 pour les moyennes et les petites.

La hauteur du perchoir doit être telle que l'accès en soit facile pour les volailles légères comme pour les plus lourdes: il ne faut pas lui donner plus de 0 m. 80 à 1 m. pour les premières, et 0 m. 60 pour les secondes.

Enfin, on doit laisser un espace de 0 m. 20 à 0 m. 30 entre le perchoir et le mur.

On arrive ainsi à déterminer les dimensions minima que peut avoir un poulailler de 10 têtes de volailles:

0 m. 60 à 0 m. 80 pour les petites races.
0 m. 80 à 1 m. 25 pour les races moyennes.
1 m. 50 à 2 m. pour les grosses races.

Dans la pratique, il est désirable toutefois de faire une plus large évaluation, les chiffres indiqués pouvant plutôt être considérés comme une limite de tassement.

La hauteur la moins grande des parois doit être celle des perchoirs augmentés de 0 m. 50 à 0 m. 60 au moins et de préférence 0 m. 80. La hauteur la plus grande dépend de la forme donnée au toit. Comme couverture, si le poulailler est ombragé, on peut se servir de carton bitumé sur voliges et liteaux, sinon on emploiera les roseaux plutôt que le chaume et mieux encore la planche de bois.

Quel que soit le mode de construction adopté, on doit prévoir des ouvertures suffisantes pour permettre les entrées et les sorties des volailles, l'éclairage et l'aération.

Dans les grands poulaillers, il faut une porte assez grande pour permettre le passage d'une brouette et faciliter l'enlèvement du fumier; dans les autres, il suffira de prévoir une porte pour la commodité personnelle de l'aviculteur.

Pour la sortie des poules, des ouvertures

de 0 m. 20 de large sur 0 m. 30 de hauteur sont généralement suffisantes : on en comptera une pour 20 poules.

Le meilleur éclairage et la meilleure aération des poulaillers sont fournis par les plus grandes baies ; on ne doit pas craindre d'utiliser une bonne partie de la façade, même les deux tiers ; on pourra, par exemple, employer des panneaux mobiles que l'on enlèvera journellement.

On peut aussi, pour faciliter la bonne aération des poules, mettre à leur disposition un local plus vaste que celui que nous avons envisagé. Il est bien évident qu'une surface double de celle nécessaire entre les perchoirs et la paroi donnerait d'excellents résultats, mais il appartient à l'aviculteur de voir jusqu'à quel point il peut engager les dépenses selon ses disponibilités et ses perspectives de vente.

Nous croyons devoir donner à titre d'exemple l'organisation d'une bonne ferme d'œufs, telle qu'elle a été conçue par un aviculteur très distingué disposant de 750 pondeuses, 96 reproducteurs nécessaires au renouvellement du troupeau tous les deux ans, 1.500 poussins de renouvellement, sans parler des coquelets, des poules de réforme, etc...

Les installations comprennent :

6 poulaillers de ponte, 8 parquets de reproducteurs, 6 poussinières de 250 poussins. Les poules ont chacune 12 mètres carrés d'espace, et les poulaillers sont prévus pour quatre poules au mètre carré couvert, leur capacité étant de 2 poules par mètre cube.

Les poulaillers de reproducteurs sont réunis en un bâtiment de 16 m. de longueur sur 2 m. de largeur, divisé en 8 compartiments mesurant chacun 4 mètres carrés et contenant 12 poules et 1 coq.

Devant et derrière s'étendent les parquets, longs de 64 mètres, à raison d'un parquet par compartiment, de telle façon que les troupeaux de chaque compartiment aient accès l'un dans un parquet au nord, l'autre dans un parquet au midi ; on réalise ainsi une grande surface de parcours pour chaque troupeau. D'ailleurs, on peut, au moyen de grillages de séparation, diminuer la surface du parquet pour les réensemencements, etc.

Les poulaillers de ponte sont orientés de la même façon et établis tous pour 125 pondeuses ; leur longueur est de 6 m. 50 et leur profondeur de 5 mètres.

Dans d'autres exploitations, les pondeuses sont toutes réunies en un seul poulailler.

Enfin, une grande ferme des environs de Paris rassemble de 250 à 300 pondeuses d'œufs de consommation dans des poulaillers de 20 m. × 4 m. avec des parquets adjacents de 1.200 mètres.

C'est dans les moyens dont il dispose et dans son initiative que l'aviculteur débutant doit trouver la solution du problème relatif à l'installation des troupeaux.

Le poulailler ne se compose pas uniquement du bâtiment et du perchoir, il doit être aussi muni de quelques meubles utiles : les nids-trappes, dont nous avons parlé, et plus communément les pondoirs, simples caisses garnies de paille dans les parquets de pondeuses non sélectionnées ; les poudroirs, sortes de vastes cuvettes dans lesquelles on met un peu de sable sec, de cendres de bois et du soufre en poudre : ils constituent les cabinets de toilette de ces animaux.

Quant aux augettes, trémies et abreuvoirs servant pour l'alimentation, on recommande souvent de ne pas les disposer dans le poulailler, car les aliments et les boissons n'ont rien à gagner au voisinage du dortoir et des émanations auxquelles les excréments donnent lieu.

Cependant, puisque l'on distribue une ration le soir, il doit au moins y avoir une augette dans le poulailler.

Dans une exploitation du type que nous avons envisagé, il n'y a pas lieu de prévoir dans le poulailler l'installation de paniers à couver, puisque, comme nous allons le voir, on doit avoir recours dans ce cas à l'élevage artificiel.

Il est indispensable d'entretenir les poulaillers avec l'hygiène la plus complète : pour remplir ces conditions, il faut que ces logements soient démontables et remontables de façon que l'on soit à même de les désinfecter soigneusement. L'eau de chaux additionnée d'un peu de sulfate de cuivre ou de crésyl peut rendre les plus grands services, même dans le cas de bâtiments fixes en maçonnerie. Le commerce tient à la disposition des intéressés une foule d'antiseptiques qui donnent de bons résultats, mais qui sont plus ou moins économiques.

Les traitements les plus nécessaires sont ceux qui ont pour but de débarrasser les hôtes de la basse-cour des insectes et autres bestioles qui les dévorent et qui rendent leur repos illusoire. On emploie à cet effet le soufre, soit sous forme de mèches soufrées dans les locaux qui sont hermétiquement clos, soit sous forme de fleur de soufre en mélange avec du sable bien sec et des cendres de bois, dans les poudroirs.

Lorsqu'une volaille est malade, la désinfection du logement est absolument obligatoire; de plus, il faut éviter la contamination avec les autres animaux de basse-cour. Il convient donc d'avoir un lazaret éloigné du reste de la basse-cour. C'est d'ailleurs dans ce local que l'on mettra en observation pendant quelques semaines les animaux nouvellement achetés.

Il ne faut pas oublier que c'est par l'observation de l'hygiène très rigoureuse de l'alimentation, du logement et des parcours que l'on tiendra la volaille à l'abri des maladies. D'ailleurs, si malgré les précautions prises, des cas de maladies se déclarent, on remarquera sans peine qu'il est presque toujours plus économique de sacrifier un animal malade que d'essayer de le guérir; ce n'est que si l'animal avait réellement une grande valeur qu'il faudrait faire intervenir le vétérinaire.

6° ELEVAGE

L'élevage de la volaille jeune se fait avec le concours de la poule, du dindon, du chapon ou de tout autre oiseau, soit au moyen d'appareils appropriés pour réaliser l'élevage artificiel.

Il n'y a pas actuellement d'élevages de rapport sans utilisation partielle ou totale de procédés artificiels; c'est donc l'élevage artificiel qui seul nous intéressera, en raison de la grande quantité d'œufs à mettre à couver au même moment et de la régularité de cet élevage.

Le premier appareil à rechercher est l'incubateur.

Il en existe de divers types qui sont construits par les spécialistes. Il ne faut pas songer à le construire soi-même, mais il est nécessaire de savoir choisir l'appareil approprié et d'en connaître le fonctionnement.

On doit remarquer tout de suite qu'il est beaucoup plus difficile de chercher à remplacer la nature et de la contraindre que de la laisser faire à son heure: aussi nous n'hésitons pas à dire que l'incubation artificielle nécessite, pour donner des résultats satisfaisants, une connaissance rationnelle de ses procédés, ainsi que des soins nombreux, minutieux et régulièrement donnés.

Le type d'incubateur le plus répandu actuellement en Europe est l'incubateur à eau qui comprend:

1° Une source de chaleur ou foyer constituée par une lampe à pétrole, amenée d'eau chaude, etc...

2° Le réservoir ou cuve à eau.

3° L'étuve ou chambre à œufs contenant les casiers où l'on dispose les œufs.

4° Le thermomètre.

5° Le régulateur permettant de modifier la chauffe.

Les incubateurs ordinaires à 4 plateaux contiennent 250 œufs.

On peut aussi employer des couveuses à air chaud dans lesquelles l'œuf n'est plus échauffé par radiation, mais bénéficie uniquement de la chaleur ambiante. Il est dans un perpétuel mouvement d'air que l'on doit s'ingénier à ne pas maintenir trop sec. D'autre part le réglage en est plus précis, parce qu'on ne dispose pas d'une masse d'eau faisant volant ou régulateur; de plus il ne faut pas que les gaz de la combustion arrivent dans l'étuve. Malgré leurs inconvénients, ces appareils sont très employés en Amérique, car ils peuvent contenir dix mille œufs, et même davantage. La contenance n'est plus fonction de la surface, comme dans l'incubateur à eau, car dans ce cas on peut superposer à loisir les casiers à œufs.

Où doit-on installer l'incubateur?

Les couveuses artificielles doivent en effet être mises à l'abri des courants d'air et des variations brusques de température; un local entièrement clos, exposé au nord ou même à l'est, est préférable; un sous-sol exposé au nord et ne recevant pas le soleil serait l'idéal, surtout s'il y régnait une température stable de 14° à 15°. Mais ces conditions sont difficilement remplies, et en réalité on peut tirer un excellent usage d'un local à températures extrêmes de 8° à 28° c. selon la saison et à variation maxima de 2° à 3° par 24 heures.

L'aération au gré de l'opérateur est une des conditions essentielles. Il faut pouvoir, en toute saison, aérer la pièce, sans que la température en soit très sensiblement modifiée.

Il faut donc mettre des contrevents aux fenêtres et, à l'intérieur, des paillassons ou d'épais rideaux pour intercepter les rayons du soleil.

On doit aussi éviter, au voisinage du couvoir, toute odeur forte et même tout bruit, toute trépidation exagérée pouvant porter préjudice au développement normal de l'embryon.

L'éclairage doit être suffisant, mais sans être très grand, les poussins s'accommodent mieux à leur naissance d'une lumière plutôt tamisée que vive.

Pour bien conduire l'incubation, il faut satisfaire aux conditions de chaleur, d'aération et d'hygrométrie nécessaires au développement normal des embryons et faire subir aux œufs un certain nombre de manipulations.

Les œufs frais et marqués sont mis dans les casiers à œufs en inclinant légèrement le gros bout en haut, et le tout est porté dans la couveuse, dont on a contrôlé au préalable la fixité de température.

L'aération et l'humidité pourront être réduites au début et accrues progressivement, l'humidité n'intervenant que comme élément de compensation de l'aération et de la chaleur qui sont les agents directs de l'incubation, et pour éviter une évaporation trop intense des œufs.

On considère qu'une température intermédiaire à 39° et 40 °, soit 39°5 est celle que l'on doit maintenir.

Des variations de température se produisent évidemment; c'est ainsi que le jour elle est un peu plus élevée que la nuit, et qu'à certains stades elle s'élève brusquement, exigeant ainsi une surveillance attentive.

Tous les jours on doit régler les lampes, ou renouveler l'eau chaude, aérer les œufs par exposition à l'air libre dans le couvoir.

Le soin le plus important à donner aux œufs en cours d'incubation est le **retournement.**

Cette opération a pour double effet d'éviter l'adhérence des germes à la coquille, ce qui entraînerait la mort de l'embryon par l'arrêt de son développement normal, et d'assurer à chacun des œufs, par le changement de place, l'absorption d'une quantité de chaleur sensiblement égale d'un œuf à l'autre, pendant tout le cours de l'incubation.

Le retournement s'opère à la main; on emploie parfois des tourne-œufs mécaniques, mais ils ne paraissent pas présenter tous les avantages que l'on a annoncés. Cette opération consiste en une demi-rotation de l'œuf sur lui-même. Le déplacement varie selon la forme des tiroirs et doit être effectué de manière que chaque œuf vienne occuper successivement toutes les places. On effectue le retournement toutes les 12 heures et, avec un peu d'habitude, on arrive à savoir combien de temps il faut laisser l'œuf exposé à l'air libre. Au fur et à mesure de l'incubation, on doit procéder au mirage, qui consiste à examiner dans un lieu sombre, et par transparence, l'œuf placé entre un foyer lumineux et l'œil de l'observateur. Le mirage permet de reconnaître les œufs non fécondés ou « œufs clairs », qui n'ont subi qu'une fécondation imparfaite ou « faux germes » et ceux dont les embryons sont morts au cours de l'incubation!

L'examen du volume d'air compris entre la dépression intérieure de l'œuf et la coquille donne des indications utiles sur le degré d'aération, l'état hygrométrique et la fraîcheur des œufs avant la mise aux tiroirs.

Le mirage a lieu le cinquième ou le sixième jour de l'incubation et avant la fin de la deuxième semaine.

En général, il n'y a pas à intervenir lors de l'éclosion: l'approche de la naissance est révélée par le piaulement des poussins en coquille. On dit que les œufs **chantent.**

Dès qu'ils sont nés, on porte les poussins à la sécheuse, mais il ne faut pas ouvrir constamment la couveuse pour en extraire immédiatement les derniers nés, il suffit de faire ce transport toutes les quatre heures. Les poussins sortent donc de l'incubateur dans un ordre rigoureux et aussitôt on les marque en leur enfilant à la patte une petite bague correspondant à leur origine, qu'on a dû inscrire sur la fiche placée dans le compartiement de la case.

Il convient maintenant d'élever les poussins obtenus.

L'aviculture industrielle exige l'élevage artificiel des poussins à l'aide de l'éleveuse, qui est le complément obligé de la couveuse artificielle.

Le premier élevage du poussin commence lors de son passage de la sécheuse à l'éleveuse, pour se continuer dans l'éleveuse pendant une période qui varie de quatre à six semaines, suivant les saisons.

La sécheuse comprend une chambre chaude, dans laquelle les poussins se sèchent, se regaillardissent, ils n'y séjournent pas plus de 10 à 20 heures.

Les influences prédominantes sur leur développement dans la couveuse sont: la chaleur et l'aération, l'éducation et l'exercice, l'alimentation; mais les deux premières sont les conditions primordiales.

Pendant la durée du premier élevage, les poussins doivent trouver dans la chambre chaude de l'éleveuse une température moyenne de 33° environ, mais il faut tenir compte de la chaleur qu'ils dégagent et qui est en raison directe de leur nombre et de leur âge et en raison inverse du volume d'air dont ces petits animaux disposent; on peut admettre que l'élévation de température ainsi provoquée peut être de 3° à 7° pour une bande de 100 poussins âgés de huit jours; plus tard, cet excédent de chaleur s'accentue par suite du va-et-vient incessant des poussins.

L'aération est aussi indispensable que la chaleur, d'abord parce qu'elle est nécessaire à la vie, ensuite parce qu'elle permet de régler la température.

Les conditions d'aération idéales seraient réalisées si l'air était d'une pureté absolue, L'éleveuse la meilleure, sous ce rapport, est par conséquent celle qui, pratiquement, se rapproche davantage de ces conditions Au surplus, avec une parfaite aération, on ne craint pas un excès de chaleur.

Donc, en principe, plus l'éleveuse est vaste, meilleure elle est, car elle permet une aération convenable et évite les tassements, si préjudiciables.

Il existe plusieurs systèmes d'éleveuses dont la construction est relativement simple, puisqu'elles ne sont plus, comme les couveuses, des appareils de précision; le système de chauffage est variable: eau chaude, air chaud, électricité; mais dans tous les cas, il faut prévoir une chambre chaude et une chambre tiède, celle-ci étant destinée à ménager une transition entre la première et l'extérieur.

En général, il ne faut pas réunir beaucoup plus d'une cinquantaine de têtes sous le même abri, sur le plancher duquel on répand une épaisse couche de menue paille.

On règle la température de façon à obtenir près de 30° pendant les premiers jours, puis on la laisse décroître jusqu'à 20° à l'époque où les élèves peuvent se passer de l'éleveuse.

Les faibles écarts de température ne sont d'ailleurs pas aussi prejudiciables que dans les couveuses et il résulte de ce que nous venons de dire que l'on doit baisser la température pour la nuit, alors que les poussins sont réunis; c'est dans le jour qu'il faut chauffer le plus.

L'exercice du poussin doit être normal, progressif et en rapport avec ses forces; pendant les premières journées, il se borne à des allées et venues entre la chambre chaude et ses environs immédiats, délimités par un grillage mobile, puis le parcours est progressivement agrandi à l'intérieur, et enfin, plus tard, pour la première sortie, on choisit une journée favorable et des heures propices.

La conduite de l'éleveuse est simple: la seule difficulté réside dans l'appréciation du moment où son usage n'est plus nécessaire. Ce moment varie avec la race exploitée, la saison, et aussi la température extérieure.

On peut donner à manger au poussin aussitôt sa mise à l'éleveuse. Il est alors âgé de deux jours environ, et a vécu jusque là du jaune de l'œuf.

Jusqu'au 15ᵉ jour, le poussin ne consomme guère plus de 25 grammes par jour; de 15 à 30 jours, sa consommation est en moyenne de 45 grammes. Les aliments à re commander sont nombreux: pain rassis sous forme de mie de pain bien émiettée; œuf cuit dur hâché menu; farines d'orge, de sarrasin, de maïs, d'avoine préparées en bouillies molles avec du lait écrémé ou de l'eau; grains de riz, de blé, d'orge, etc...; viande crue ou cuite finement hâchée, lait caillé donné cru ou passé au four; verdures de toutes sortes finement hâchées et mélangées aux pâtées, eau pure; coquilles d'œufs brisées et menus graviers pour aider à la trituration des aliments dans le gésier; des insectes et des vers; de la poudre d'os.

Les poussins passeront la première phase de leur jeunesse sous la protection des éleveuses dans un local appelé poussinière qui. en bonne saison, peut être un simple abri ou un hangar; orienté au midi pour l'élevage d'hiver, et à l'est en bonne saison.

La poussinière doit communiquer de plain-pied avec l'extérieur, et on pourra créer de petits parcs correspondant à chaque éleveuse.

L'aération de ce local doit être facile, et la lumière doit y pénétrer largement: il convient, en outre, de pouvoir modérer par des stores l'action solaire.

Les dimensions de la poussinière sont en rapport avec le nombre des éleveuses et des petits parcs intérieurs, dont la surface ne doit pas être inférieure à 6 mètres carrés par 100 poussins.

Les petits parcs intérieurs communiquent

avec ceux de l'extérieur par une trappe que l'on peut faire manœuvrer des deux côtés. Ces parcs extérieurs ne doivent pas avoir moins de 15 mètres carrés par 100 poussins et sont clôturés d'un grillage à petites mailles, de 1 m. de hauteur environ, et enterré de quelques centimètres.

De six semaines à trois mois, les sujets reçoivent une nourriture destinée à assurer leur formation, mais les changements de régime doivent avoir lieu graduellement et les aliments nouveaux sont distribués d'abord en très petite quantité.

Pour favoriser la croissance, on peut donner des pâtées de farine non blutée, de viande hachée crue ou cuite, de verdures coupées et de pommes bien écrasées; pour fortifier l'ossature, on peut ajouter aux pâtées des coquilles, des débris calcaires, de la poudre d'os ou du phosphate de chaux; pour produire la chair, il est bon de donner des grains secs, macérés ou cuits, et leurs farines.

7° ETABLISSEMENT DES RATIONS

Tandis que dans les deux premiers stades de l'élevage, il est nécessaire de ne tenir qu'un compte relatif de l'économie qu'on peut réaliser, attendu qu'il faut surtout assurer le développement normal du sujet; il en est tout autrement lorsqu'il s'agit de l'alimentation de la poule pondeuse.

L'éleveur doit en principe utiliser les indications générales qu'il peut obtenir pour l'achat ou la production avantageuse de tel ou tel aliment afin de profiter au maximum du régime qu'il adoptera, mais il faut onsidérer que bien nourrir ne consiste pas seulement à donner aux volailles les éléments nutritifs nécessaires pour le but envisagé, en choisissant les matières au plus bas prix, afin d'établir des rations journelières au meilleur prix de revient, lequel influe naturellement sur le prix de production des œufs; il faut aussi considérer qu'il est antiéconomique de réaliser des rations bon marché en remplaçant la qualité par la quantité.

Comme dans toute industrie de transformation, le choix de la matière à transformer joue un rôle primordial: nous allons donc résumer les idées émises sur la question.

La ponte est le phénomène physiologique qui se trouve le plus modifié par la domestication. Tandis que les oiseaux vivant à l'état sauvage pondent à plusieurs reprises dans le cours d'une année un nombre d'œufs presque toujours invariable pour une même espèce, nos oiseaux domestiques, les pigeons exceptés, montrent de très grandes variations sur ce point. Les périodes de ponte n'existent plus: l'émission des œufs est irrégulière et discontinue.

Les modifications survenues dans la ponte chez les oiseaux en voie de domestication ou récemment domestiqués ont pour cause première les modifications produites sur les organes par une alimentation rationnelle et abondante.

La production des œufs et la diminution ou la suppression de l'instinct de couvaison sont le corollaire de la vie plus facile à l'état domestique.

La confusion des périodes naturelles de ponte devient complète lorsque les oiseaux ont perdu l'instinct de couver. Ceux que la domestication a amenés à ce point semblent évidemment les meilleurs à exploiter dans une entreprise spécialisée dans la production des œufs. Il n'en est cependant pas toujours ainsi. (Ch. Voitellier.)

Les temps futurs verront peut-être l'irrégularité dans la ponte encore plus affaiblie, mais chez les oiseaux ayant perdu l'instinct de couver, un arrêt de la ponte qui se produit chaque année dure plusieurs mois et coïncide sensiblement avec l'arrêt de la végétation.

L'activité de l'ovaire est, d'une façon générale, sous la dépendance de la température moyenne de l'air. Lorsque celle-ci reste comprise entre 0°,6 et 25°,6, elle en suit presque complètement les fluctuations, surtout après l'arrêt annuel de la ponte.

En dessous de ces limites, elle s'arrête presque aussitôt; en dessus, elle décroît notablement. Il n'y a d'exception à cette règle qu'au moment de la mue.

Le nombre d'œufs est devenu, sous l'influence de la domestication, différent dans la même espèce, dans la même race, et même entre individus parents.

La grappe ovarienne n'est pas comparable à un sac renfermant un nombre d'ovules fixé à l'avance, pour chaque année ou pour l'existence de l'individu susceptible de les émettre en un temps plus ou moins court.

Les ovules ne se forment qu'autant que l'état physiologique est en bonne condition, lorsque les organes fonctionnent normalement.

A une nutrition intense, mais normale, des tissus, correspond le maximum d'activité de l'ovaire.

Une excitation locale résultant d'une application ou d'une ingestion de substances irritantes ou abortives, peut produire l'émission de quelques ovules paraissant complètement formés, mais elle est toujours fort restreinte. Les principes constitutifs de l'ovule, de l'œuf entier, font défaut.

L'excitation est passagère. Les œufs ne peuvent être élaborés que si ces principes sont réintroduits dans l'économie. Les limites assignées à l'activité de l'ovaire se confondent donc avec celles de l'appareil digestif. (Chénevard et Voitellier.)

Il est donc possible d'augmenter la ponte, puisque d'appareil digestif peut voir son fonctionnement développé par une gymnastique fonctionnelle bien comprise.

Une alimentation rationnelle détermine une plus grande activité de l'ovaire, et la transmission héréditaire de ce perfectionnement est devenue le privilège de quelques groupes.

Les modifications de fonctionnement de l'appareil digestif ne peuvent subsister si la cause qui les a provoquées, l'alimentation intensive, disparaît. L'hérédité exige pour manifester ses heureux effets, le maintien d'une alimentation intensive. Trop souvent on attribue aux races, aux variétés une importance capitale, tandis que c'est de leur alimentation que dépend leur qualité de pondeuses. L'hérédité, la sélection ne peuvent assurer leurs effets qu'à la condition d'être secondées par une nourriture appropriée.

L'aptitude à la ponte se développe à chaque génération lorsque l'organisme reçoit une alimentation dépassant ce qui est strictement nécessaire pour satisfaire à ses besoins immédiats.

L'aviculture rémunératrice, la production intensive des œufs n'est possible qu'autant que l'alimentation reçoit les perfectionnements désirables.

La ration de ponte comprend :

1° La ration d'entretien proportionnelle à la surface de l'oiseau ;

2° Une ration proportionnelle au poids des œufs pondus.

Cette ration qui se superpose à la première, est la plus difficile à établir.

Elle nécessite la connaissance du nombre d'œufs que devra pondre l'oiseau envisagé, ainsi que l'emploi d'aliments coûtant le plus cher.

On a calculé que la quantité de principes nécessaires à la formation d'un œuf est de :

	Œufs de 50 gr.	Œufs 60 gr.	Œufs 67 gr.
Poids du jaune	14 gr.	17 gr.	10 gr.
Poids du blanc	30 gr.	36 gr.	40 gr.
Poids de la coquille	6 gr.	7 gr.	8 gr.
Matières azotées (jaune-blanc)	6 gr. 07	7.32	8.15
Matières grasses.	5 gr. 33	6.46	7.22
Matières hydrocarbonées . .	0 gr. 22	0.27	0.29
Matières minérales	0 gr. 23	0.40	0.44
Carbonate de chaux (coquille)	5 gr. 62	6.55	7.49
Carbonate de magnésie . . .	0 gr. 08	0.09	0.10
Phosphates.	0 gr. 04	0.05	0.06
Matières organiques.	0 g. 025	0.30	0.34
Unités nutritives.	20 gr. 58	22.49	25.15

Pour que la ration de ponte corresponde exactement à la dépense de l'organisme, il faudrait qu'en plus des éléments exportés, on note ceux qui sont utilisés par le travail de l'élaboration de l'œuf.

Dans la pratique, on se contente d'augmenter les quantités des principes nécessaires d'une manière un peu arbitraire, en basant les calculs sur l'unité de poids, le kilogramme.

En prenant pour base l'unité de pièces comme le propose M. Chénevard, il suffirait de multiplier la quantité de chacun des principes alimentaires par le nombre présumé d'œufs attendus, et de diviser par le nombre de jours que durera la ponte, pour connaître les quantités journalières indispensables.

Prenons comme exemple un cas usuel, celui de la poulette qui, dans sa première année de ponte, donne 145 œufs et couve une fois. Si nous tenons compte de la mue et du repos annuel pendant lequel quelques œufs sont émis, mais irrégulièrement et à intervalles longs, nous trouvons que 145 œufs sont pondus en 190 jours, soit environ 23 par mois. Admettons que le poids moyen des œufs est de 60 gr., nous trouvons, en multipliant les chiffres précédents par le rapport 145/190, que la ration journalière de ponte devra renfermer en plus de ce qui est nécessaire à l'entretien de l'organisme :

Matières azotées	5,59 gr.
Matières grasses	4,93 gr.
Matières hydrocarbonées . . .	0,21 gr.
Carbonate de chaux	4,29 gr.

Nous négligerons les autres principes.

presque toujours contenus en quantité suffisante dans les rations.

On peut d'ailleurs, en adoptant la méthode américaine, comparer les divers aliments au point de vue du nombre de jaunes et de blancs qu'ils produisent; cette comparaison met de suite en évidence, et d'une façon très pratique, les effets de ces aliments.

	Aliments	Jaunes	Blancs
100 kil.	Blé	534	400
—	Avoine	429	341
—	Maïs	561	295
—	Son de blé	341	451
—	Recoupes	451	484
—	Tourteaux	352	1.100
—	Farine de viande	233	2.435
—	Luzerne en vert	101	147
—	Trèfle en vert	118	105
—	Pommes de terre	121	33
—	Betteraves	42	39

Les grains, surtout riches en matières amylacées sont producteurs de jaunes.

Que se passerait-il si on alimentait la poule pondeuse exclusivement avec du grain? On apporterait plus de matières amylacées et par suite plus de matières grasses (la poule transformerait l'amidon en matière grasse) et pas assez de matières azotées pour constituer un œuf. La poule emploie donc cete matière grasse au mieux de ses intérêts: elle engraisse; c'est ce qui arrive si on utilise exclusivement les grains, et particulièrement le maïs.

Nous arrivons ainsi à la conception d'un choix rationnel des aliments à mettre à la disposition des poules pondeuses.

Pour traiter cette question d'une façon complète, il faudrait étudier et discuter tous les principes de l'alimentation; or le cadre de cet exposé ne nous le permet pas. Nous ne pouvons résumer ici que les méthodes générales employées pour calculer les rations.

Les matières albuminoïdes, indispensables à l'entretien de la vie, ont pour principal rôle de réparer l'usure qu'elles ont occasionnée; elles permettent l'accroissement des jeunes animaux, et fournissent aussi de l'énergie; les matières azotées non albuminoïdes apportent presque uniquement l'énergie nécessaire à l'entretien de la vie animale.

Les matières grasses apportent beaucoup d'énergie et facilitent l'utilisation et l'assimilation des matières albuminoïdes.

Les hydrates de carbone fournissent également de l'énergie.

Longtemps on a cru que les besoins des oiseaux de basse-cour en matières azotées étaient de la plus haute importance; certes, il y a une limite au-dessous de laquelle on ne saurait descendre sans risques, mais on peut envisager aujourd'hui l'emploi de rations moins onéreuses qu'autrefois en employant moins de matières azotées, dont le prix est très élevé. Les recherches récentes ont montré en effet que les diverses substances pouvaient se substituer les unes aux autres dans de très larges limites, tout au moins en ce qui concerne les matières non azotées, pour assurer l'accomplissement des différentes fonctions de l'organisme. On a montré aussi que cette substitution s'opérait à peu près proportionellement aux quantités d'énergie que les principes azotés albuminoïdes, gras et hydrocarbonés, étaient capables de fournir à l'organisme.

Pour mesurer l'effet utile des principes nutritifs, Kellner a pris l'amidon comme terme de comparaison, et il a recherché les poids de cette substance qui équivalait à un kilogramme de chacun des autres principes nutritifs pour produire le même effet nutritif; il a obtenu ainsi, les chiffres suivants, qu'il appelle **valeurs-amidon:**

1 partie albumine digestible équivaut à 0,94 d'amidon;

1 partie matière grasse des fourrages, 1,91 d'amidon;

1 partie matière grasse des grains, 2,12 d'amidon;

1 partie matière grasse des graines oléagineuses, 2,41 d'amidon;

1 partie extractifs, cellulose digestible, 1,00 d'amidon.

De ce qui précède, il semble résulter que l'on devrait exprimer la valeur nutritive de divers aliments en faisant la somme des matières hydrocarbonées contenues dans 100 parties de l'aliment et en ajoutant à cette somme les matières albuminoïdes multipliées par le facteur 0,94, et les matières grasses multipliées par 1,91, ou 2,12, ou 2,41, suivant les cas; mais cela suposerait que ces aliments seraient également digestibles et assimilables: or ce n'est pas le cas. Aussi, pour obtenir la valeur nutritive nette d'un aliment, exprimé en amidon digestible, il faut tenir compte du travail de digestion et d'assimilation que nécessite cet aliment, et pour cela multiplier le premier chiffre trouvé, et que nous pouvons appeler valeur nutritive brute, par un coefficient convenable, appelé coefficient nutritif et basé sur les recherches de Kellner.

Ce coefficient est d'autant plus faible que l'aliment provoque un travail de digestion et d'assimilation plus élevé, il varie environ de :

1,00 à 0,80 pour les grains, les tourteaux ;

1,00 à 0,70 pour les racines, tubercules, son ;

0,95 à 0,60 pour les fourrages verts.

Des tables, dressées par Mallèvre, indiquent pour chaque aliment non seulement les taux pour cent de principes bruts et digestifs, mais encore le coefficient nutritif par rapport à l'amidon, le taux pour cent de matières albuminoïdes et la valeur nutritive exprimée en amidon pour cent parties de l'aliment.

Pour montrer comment on peut obtenir la valeur nutritive nette inscrite dans les tables, nous prendrons comme exemple l'avoine moyenne.

Les tables montrent qu'elle contient % :

Matières albuminoïdes, 7,2 ;
Matières grasses, 4,0 ;
Extractifs non azotés, 44,8 ;
Cellulose, 2,6.

Si nous cherchons la valeur nutritive (amidon), nous aurons :

$$7{,}2 \times 0{,}94 + 4{,}0 \times 2{,}12 + 44{,}8 + 1 + 2{,}6 \times 1 = 62{,}64$$

soit 62,7 en chiffre rond.

Le coefficient nutritif étant pour l'avoine moyenne 0,95, la valeur nutritive nette (amidon) est :

$$62{,}7 \times 0{,}95 = 59{,}6 \text{ en chiffre rond.}$$

On peut donc comparer les aliments entre eux en calculant le nombre d'unités nutritives qu'ils fournissent, et à cet effet les tables de Mallèvre sont très précieuses.

Nous ne pouvons toutefois ne pas signaler qu'autrefois on calculait la valeur nutritive d'une ration à l'aide des tables de Wolff, en faisant la somme des poids des principes digestibles azotés et hydrocarbonés et en y ajoutant le poids des matières grasses digestibles, multiplié par 2,4, soit :

$$\text{M. Az} + \text{M. Hy} + 2{,}4 \text{ M. Gr.}$$

Il suffisait ensuite de multiplier ce total par le facteur 4,1 pour obtenir à peu près le nombre de calories introduites dans l'organisme. Cette méthode est de plus en plus abandonnée et remplacée par la précédente.

Remarquons enfin qu'une somme convenable d'unités nutritives ne suffit pas à assurer une bonne ration.

En effet, si, dans la pratique, il est toujours possible de substituer les uns aux autres les principes digestibles gras et hydrocarbonés, il n'est pas permis de substituer en totalité les éléments non azotés aux éléments azotés, et les limites dans lesquelles peut se faire la substitution varient avec la nature et l'intensité de la production.

Ainsi que nous l'avons déjà dit, il est nécessaire que les principes azotés soient en proportion suffisante dans la ration : on peut exprimer cette nécessité au moyen de la relation nutritive. Celle-ci est le rapport existant entre les quantités de matières azotées et non azotées que contient la ration. On l'établit généralement en prenant comme premier terme l'unité et comme second terme la somme des matières grasses digestibles multipliées au préalable par 2,4 et des matières hydrocarbonées, et en divisant cette somme par la protéine digestible.

M. Voitellier a vérifié dans les concours de ponte que cette relation nutritive était de $\frac{1}{3{,}6}$ pour une production de 200 œufs par poule ; il est bien évident qu'elle peut varier dans des limites assez restreintes, surtout lorsqu'il s'agit d'exploitation industrielle.

Les données que nous venons d'indiquer ne peuvent, bien entendu, être prises dans un sens rigoureusement absolu. Mais il est indispensable de les connaître pour s'en servir au besoin dans le calcul des rations.

La recherche des aliments capables d'enrichir la ration en protéine, et surtout en graisse, est forcément limitée et ne comprend que ceux d'origine animale et les tourteaux. Ce sont les aliments animalisés fournissant l'azote le plus digestible qui doivent avoir la préférence de l'éleveur chaque fois que le prix des unités azote et graisse n'est pas trop supérieur à celui des tourteaux.

Les tourteaux ne doivent pas entrer dans la ration de ponte pour plus d'un huitième : il est même préférable de rester en dessous de ce chiffre. On doit, en outre, rejeter ceux qui pourraient donner mauvais goût aux œufs.

Dans l'élevage en liberté et en saison favorable, les volailles trouvent des insectes en quantité suffisante. Ces insectes renferment environ 13 % de leur poids en matières azotées digestibles, mais souvent ils communiquent aux œufs un goût douteux. A moins d'être consommés en très grande quantité, ils n'apportent pas à l'organisme le nombre nécessaire d'unités nutritives et exigent un complément de ration, qui sera surtout riche en hydrate de carbone.

Le grain est indispensable pour maintenir le gésier en bon état de fonctionnemet; il doit figurer, ne serait-ce que pour une faible part, dans la ration des adultes, mais lorsque la ration de ponte vient se superposer à une ration d'entretien qui contient déja du grain, il est inutile d'en ajouter.

L'arrêt de la ponte coïncide avec l'arrêt de la végétation; la question de température atmosphérique mise à part, la verdure joue donc un rôle très important. L'expérience a prouvé que sans elle il était presque impossible d'obtenir une ponte intensive et soutenue.

La ration de ponte, rendue déjà volumineuse par les aliments qui doivent la composer, ne saurait renfermer une forte proportion de fourrage vert, mais il faut en distribuer.

Elevées en liberté sur des terrains calcaires ou à proximité de constructions, les pondeuses trouvent la quantité de chaux nécessaire à la formation des coquilles. En captivité ou sur des terrains non calcaires, il faut intervenir.

L'action de la chaux sur la ponte est incontestable. Dans bien des cas, elle est suffisante paur augmenter le nombre d'œufs pondus.

La pondeuse privée de calcaire, alors même qu'elle reçoit les autres éléments nécessaires à l'activité ovarienne, émettra encore quelques œufs dont la coquille deviendra de plus en plus mince, et lorsque ses réserves de calcaire seront épuisées, la ponte cessera. La suralimentation, d'autre part, provoque un engraissement rapide qui arrête la ponte définitivement. Si on redonne de la chaux en quantité suffisante, la ponte reprend au bout de quelqus jours, avec une très grande activité, qui est déterminée par les réserves faites par la poule pendant l'arrêt de sa ponte. Lorsque ces réserves sont épuisées, la ponte redevient normale.

Ainsi s'explique l'activité ovarienne constatée au début de l'emploi des grains chaulés ou des écailles d'huîtres et la déception de quelques éleveurs lorsqu'au bout d'un certain temps, l'organisme, reprenant ses fonctions régulières, la ponte diminue et redevient normale.

M. Chenevard admet que la ration de ponte doit avoir la composition suivante, pour des pondeuses en captivité du poids moyen de 1 k. 400, pondant un œuf de 60 grammes, par deux jours:

Matières sèches	100 à 200 gr.
Matières azotées	12,9
Matières grasses	4,0
Matières hydrocarbonées	61,8
Unités nutritives	84
Relation nutritive	5,5

Les matières grasses étant les plus difficiles à trouver dans les aliments usuels, on peut y substituer les matières hydrocarbonées dans une certaine mesure, à condition de remplacer 1 gr. de matières azotées par 2,5 gr. de matières hydrocarbonées.

En fait, cette ration renfermera:

1° Au moins 20 gr. de grain cru (on mettra du gravier fin à la disposition des volailles).

2° De 30 gr. à 60 gr. de verdure, en donnant la préférence aux choux fourragers ou aux légumineuses (à défaut, pulpe de racines fourragères ou foin, macérés dans l'eau et hâchés);

3° 4 gr. d'écailles pulvérisées (huîtres);

4° 1 gr. de charbon de bois pulvérisé.

Voici, à titre purement indicatif, quelques exemples de rations pour des poules de 1 k. 400 environ, pondant un œuf de 60 gr. par deux jours.

A toutes ces formules, il faut ajouter 4 à 5 grammes d'écailles d'huîtres pulvérisées ou enrober les grains dans une égale quantité de chaux grasse éteinte; on ajoutera encore 1 gramme de charbon de bois en poudre.

Première ration:

Grain: 20 gr. chènevis.

Pâtée:
- 45 gr. insectes;
- 45 gr. son de maïs;
- 40 gr. pulpe de pommes de terre desséchées;
- 30 gr. luzerne hachée.

Deuxième ration:

Grain: 40 gr. avoine.

Pâtée:
- 6 gr. cretons;
- 35 gr. farine d'orge;
- 40 gr. pulpe de betterave desséchée;
- 60 gr. luzerne hachée.

Troisième ration :

Grain : 40 gr. d'orge.

Pâtée.. { 20 gr. tourteau d'arachide ordinaire.
35 gr. riz cuit, pesé sec ;
50 gr. pommes de terre ;
30 gr. chou fourrager haché.

Quatrième ration :

Grain : 20 gr. maïs.

Pâtée.. { 10 gr. farine de poisson ;
30 gr. farine de pois ;
75 gr. pulpe de pommes de terre desséchées.

Cinquième ration :

Grain : 20 gr. avoine.

Pâtée.. { 19 gr. tourteau de coprah ;
50 gr. gros son de blé ;
30 gr. chou fourrager haché.

Sixième ration :

Grain : 100 gr. blé.

Pâtée.. { 50 gr. farine de viande ;
60 gr. chou fourrager haché.

M. Bréchemin recommande pour une pondeuse d'un poids de 2 kil. une ration plus forte. Il estime que de bonnes pondeuses élevées en parquet doivent recevoir une ration composée de 50 gr. de matières hydrocarbonées, 20 gr. de matières azotées, 15 gr. de matières grasses, 10 gr. de matières minérales et 40 gr. de cellulose. Il n'y a donc rien d'absolu, en alimentation. L'aviculteur doit être à même de calculer ses rations d'une façon très rationnelle, en tenant compte de la taille, de leur productivité, des ressources dont on dispose.

Le champ d'activité est très vaste dans cet ordre d'idées.

Pour terminer cette importante question, disons qu'autant que possible il faut assurer la variété du régime, car il n'y a pas d'animal qui s'accommode aussi difficilement d'un régime absolument uniforme.

En ce qui concerne la distribution des repas, deux méthodes sont employées : en Amérique, des distributeurs, constamment garnis, sont à la disposition des volailles. Chez nous, on se contente généralement de deux distributions, l'une le matin, l'autre le soir, et comportant à peu près la moitié de la ration.

Parfois, on ajoute une troisième distribution, qui a lieu à midi : elle comporte alors quelques racines crues et quelques verdures.

Des controverses ont eu lieu au sujet de la distribution du grain : les uns préfèrent le donner le matin, et donner le soir la pâtée, en laissant la verdure et les racines pour le repas de midi ; d'autres prétendent le contraire et s'appuient, non sans raison, sur ce fait que le grain distribué le soir tient mieux au corps, car il est d'une digestion plus lente que les pâtées.

8° ORGANISATION DE LA VENTE DES PRODUITS

Ainsi que nous l'avons vu, l'une des principales préoccupations de l'aviculteur qui s'installe est d'assurer les débouchés nécessaires à ses produits.

Dans le cas particulier qui nous occupe, on doit envisager la vente : 1° des œufs de consommation ou œufs du jour, pour lesquels on aura intérêt à se mettre en relation avec les acheteurs directs : particuliers, restaurants, marchands de denrées alimentaires, etc..., qui recevront par abonnement un nombre déterminé de douzaines d'œufs par mois, ces œufs sont à expédier le jour ou au plus tard le lendemain, le marché en gros étant susceptible d'assurer le placement du surplus en cas de mévente momentanée.

2° Des œufs à couver ; pour ceux-ci, la question est plus délicate, car ils peuvent faire l'objet de malentendus, différents, contestations, etc..., soit que l'incubation n'ait pas bien réussi, soit que les sujets qui en sont issus, soient douteux au point de vue de la pureté de la race, etc...

3° Des coquelets, poulettes et poules de réforme, qui donnent lieu à des transactions assez délicates.

Nous nous occuperons plus spécialement de la vente des œufs du jour, les deux autres sortes de produits n'étant que l'accessoire de la production envisagée.

Il est un fait constaté qu'il faut rappeler : lorsqu'une marchandise est rare, tout ce qui peut en être produit se vend bien, sans qu'il existe de grosses différences de prix entre le surchoix et le tout venant. Au contraire, lorsque la production est telle que l'offre dépasse la demande, le surchoix fait toujours le prix maximum, tandis que le tout venant subit une très forte dépréciation.

D'autre part, la présentation doit être soignée, et les lots doivent être homogènes. Diverses opérations s'imposent donc après la récolte des œufs de consommation, qui a lieu aussitôt que possible après la ponte, soit en une seule fois en hiver, vers 15 heures, et en deux fois en été, vers 11 heures et 17 heures. Bien entendu, ces remarques ne s'appliquent pas aux œufs pondus dans les nids-trappes et destinés à la reproduction.

Une fois les œufs récoltés, on les débarrasse des souillures qui les recouvrent, soit en procédant à sec. soit à l'eau tiède et on les place dans un local où ils seront protégés contre la gelée, l'évaporation, la contamination, l'absorption, les odeurs, etc... Il faut alors procéder à leur triage par grosseurs. On fait généralement six catégories: 1° ceux qui passent dans les anneaux dont les diamètres, en millimètres, sont: 44, 43, 42, 41, 40; 2° ceux qui sont d'une grosseur inférieure à 40 m/m et qui sont appelés petits œufs.

Ce triage est absolument nécessaire, si l'on expédie les œufs sur les grands marchés ou à une clientèle directe. On a aussi avantage, dans ce cas, à constituer des lots de couleur uniforme, c'est-à-dire à ne pas mélanger des œufs blancs avec des œufs teintés. Enfin, les œufs provenant des poulaillers de ponte, sans coqs, ne sont pas fécondés, ils se conservent mieux par conséquent et sont plus fins, il y a encore avantage, dans ce cas, à garantir à l'acheteur la non fécondation des œufs.

Il ne faut pas croire que le triage soit inutile ou qu'il impose un travail exagéré, car, s'il est méthodiquement exécuté, les frais résultant sont largement couverts par une plus-value de la production.

Si l'on veut conserver les œufs à couver, pendant quelques jours, il faut les disposer dans une pièce où la température oscille entre 10° et 13°; ils ne subiront pas trace d'évaporation; par contre, une température de 25° leur est préjudiciable. Ils doivent aussi avoir été pesés.

Les œufs triés ou non, doivent en tous les cas être marqués et datés, quelle que soit leur destination, de façon à renseigner l'acheteur sur leur origine et leur fraîcheur.

Toutes ces précautions sont indispensables si l'on veut se livrer à l'exportation; c'est ainsi que le marché anglais apprécie surtout les colis d'œufs du même poids, d'une égale grosseur et de la même date de ponte.

L'expédition doit aussi être très soignée:

1° Soit dans des paniers en osier dans lesquels on met un lit de paille entre les œufs et les côtés des paniers, de façon à amortir les chocs; on y dispose un premier lit d'œufs, puis un petit lit de paille, un deuxième lit d'œufs, et ainsi de suite, en mettant au-dessus du dernier lit une bonne couche de paille.

2° Dans des caissettes où on remplacera dans les lits intermédiaires, la paille par le son, la sciure de bois, l'ouate, la poudre de liège, les fibres de bois blanc, les rognures de papier, etc...

3° Dans des boîtes à compartiments en carton ondulé, dans lesquelles chaque œuf occupe le compartiment qui lui est réservé; ce sont ces récipients que nous préférons.

Les caisses remplies sont ficelées et munies d'une étiquette: « Œufs ».

S'il s'agit d'œufs à couver, l'expédition est encore plus soignée, car, en dehors des bris assez fréquents, les embryons supportent mal les secousses et les chocs. Pour réduire au minimum les inconvénients du transport, on a reconnu qu'il valait mieux les disposer dans le sens horizontal, dans les boîtes.

En résumé, dans la conduite commerciale de l'exploitation, il est nécessaire: 1° de procéder avec une honnêteté et une loyauté scrupuleuses dans toutes les opérations ; 2° de faire une publicité intelligente, loyale et sans exagération; 3° d'exécuter les commandes scrupuleusement; 4° d'effectuer la récolte, le triage, le marquage, l'emballage et l'expédition des œufs avec tout le soin désirable.

Il peut arriver pour une raison quelconque, soit par défaut d'organisation, soit pour tout autre motif, que l'on soit obligé de conserver les œufs chez soi, pendant un temps plus ou moins long, pour les livrer sur le marché au moment où ils sont le plus chers.

Or, l'œuf du jour est de tous le plus savoureux; puis ceux qui ont 5 à 7 jours ; passé ce délai, l'œuf n'est plus frais, bien que, dans les villes, on soit obligé de considérer aussi comme frais les œufs qui ont moins de 15 jours. Il importe donc de savoir reconnaître le degré de fraîcheur d'un œuf. On a constaté que la densité d'un œuf était environ de 1,090 le premier jour, de 1,070 à 10 jours, de 1,050 à 20 jours et de 1,035 à un mois. On a remarqué aussi que, dans une dissolution parfaite de 100 à 125 grammes de sel dans un litre d'eau, l'œuf du jour va au fond, celui de la veille y arrive presque, celui pondu 3 jours avant se tient au milieu et, s'il est pondu avant, il surnage.

Pour conserver à l'œuf ses qualités de fraîcheur, il est nécessaire de le soustraire à l'évaporation, le contact de l'air lui étant préjudiciable en raison des germes qui y sont véhiculés. Notons en outre que, pour avoir toutes chances de conservation, un œuf ne doit pas être fécondé. Dans le cas des poulaillers de ponte, ces conditions peuvent être réalisées.

Le problème de la conservation des œufs sur lequel nous ne pouvons nous appesantir a reçu une quantité de solutions dont les meilleures sont données par l'emploi de la vaseline, de l'eau de chaux, du verre soluble (un mélange de 1 de silicate de potasse pour 2 de silicate de soude additionné de 10 litres d'eau bouillie suffit pour conserver 200 œufs). On peut aussi conserver les œufs par le froid, en les maintenant dans une chambre à une température voisine de 0° ; mais ce procédé nécessite une installation coûteuse.

9° CONCLUSION

De tout l'exposé qui précède, il résulte que l'aviculture est une des branches de l'agriculture les plus indépendantes des conditions climatériques et qui, par conséquent, peut être dirigée avec le plus de certitude vers un but bien déterminé.

Par contre, elle exige pour assurer la réussite, l'adoption d'une méthode rigoureuse et surtout des connaissances professionnelles approfondies.

De même qu'il ne peut être question pour un jeune homme qui se destine à l'industrie d'acquérir une usine et de la diriger sans préparation préalable théorique et pratique ; de même, il ne peut être admis que l'aspirant aviculteur ne fasse, avant de s'installer, des études théoriques et des stages pratiques, s'il veut mettre de son côté toutes les chances de succès.

Dans la monographie que nous venons d'exposer, nous croyons avoir donné un flagrant démenti à tous ceux qui, en quête d'une situation, croient qu'il suffit de disposer d'un capital pour aborder avec de pleines chances de réussite, une entreprise quelconque. Nous avons essayé au contraire, de mettre en évidence les risques que peut courir l'aviculteur débutant, s'il n'a pas la préparation professionnelle suffisante permettant d'appliquer les principes de l'élevage, en les adaptant au cas particulier qu'il envisage, par des correctifs que la pratique seule enseigne.

Comment peut-on réaliser cette préparation professionnelle ?

En France, nous ne possédons pas encore d'écoles d'aviculture réellement dignes de ce nom, mais seulement des domaines où l'on fait l'élevage d'une manière scientifique en s'inspirant de métohdes anglaises et américaines ou des adaptations de ces dernières à notre élevage national.

Il ne faut donc pas songer à acquérir les connaissances théoriques indispensables dans une Ecole ; mais il existe des cours par correspondance fort bien conçus qui donnent et commentent les résultats des expériences faites, tant à l'étranger qu'en France.

Le novice peut aussi perfectionner ses connaissances théoriques à l'aide des ouvrages spéciaux qui, à l'heure actuelle, ne font pas défaut.

Mais pour diriger et conduire avec soin une exploitation de pondeuses et d'une manière plus générale, une exploitation avicole, susceptible de donner des bénéfices, il faut s'être rendu compte des résultats que l'on peut obtenir en appliquant les directives exposées dans les cours par correspondance et les publications spéciales ; et, pour cela, il est nécessaire de faire un séjour assez prolongé, soit comme stagiaire, soit même comme ouvrier dans une exploitation installée suivant les principes de la technique moderne. Au cours de ce stage, dont la durée doit être, à notre avis, d'une campagne complète, pour permettre d'en suivre tous les travaux, le novice effectuera toutes les besognes, quelles qu'elles soient, se trouvera en présence de difficultés qu'il aura à surmonter chaque jour, aiguisera son esprit d'observation, complètera son étude des races, apprendra à établir un devis, etc... ; en un mot, se rendra compte de la puissance de travail, de persévérance dans l'effort, qu'il faut mettre en action.

Il complètera en outre son stage par des visites d'expositions et d'autres exploitations avicoles, ainsi que de marchés, visites desquelles il retirera toujours quelque profit.

Muni ainsi de solides connaissances théoriques et pratiques, il jettera, pendant son stage, les bases économiques et techniques de l'installation qu'il envisage et à laquelle il sera, par avance, nous en sommes convaincus, fortement attaché.

DEUXIÈME PARTIE

Comment se préparer à la carrière d'aviculteur

A. — L'ENSEIGNEMENT ORAL

L'étude précédente nous a montré que les candidats à la carrière d'aviculteur peuvent se créer dans cette branche une situation stable, agréable et rémunératrice, soit qu'ils dirigent pour leur compte une exploitation avicole, ou qu'ils travaillent comme assistants d'exploitation.

Aucun diplôme n'est nécessaire pour s'aiguiller dans cette voie; cependant, de solides connaissances générales sont indispensables pour diriger avec méthode et sûreté une entreprise de ce genre.

Il n'existe pas encore, en France, d'Ecoles d'Aviculture proprement dites, mais seulement des domaines où l'on fait l'élevage d'une manière scientifique.

B. — L'ENSEIGNEMENT PAR CORRESPONDANCE

Cette raison explique à elle seule la très grande faveur dont jouissent les cours par correspondance qu'a organisés l'Ecole Universelle, dont le siège est à Paris, 59, boulevard Exelmans, en vue de la préparation aux fonctions d'aviculteur ; mais il faut ajouter que grâce aux méthodes perfectionnées de cet établissement l'enseignement par correspondance est devenu un merveilleux instrument de diffusion du savoir.

L'enseignement par correspondance de l'Ecole Universelle est *individuel*, c'est-à-dire, qu'il s'adresse en particulier à l'élève, tient compte de ses connaissances, de son âge, de son état de santé, du temps dont il dispose. Il permet de donner à chacun des explications toujours personnelles.

Il est *rapide*, car il supprime toutes les pertes de temps dues aux déplacements, aux recherches matérielles, aux piétinements sur place obligatoires dans les cours oraux où les élèves intelligents et travailleurs sont forcés d'attendre que les condisciples moins bien doués aient compris la question étudiée.

Il *réduit l'effort au minimum*, tout en restant complet. Les préparations par correspondance, minutieusement établies, peuvent être limitées strictement à un programme précis, l'étudier complètement et supprimer les digressions inévitables dans les exposés oraux.

Il permet le choix de *professeurs spécialistes* pour chaque question. Le grand nombre des élèves qu'il peut grouper rend possible une stricte limitation de la tâche de chaque professeur.

Il est *discret*, l'élève peut ne faire part des efforts accomplis même à l'entourage le plus proche qu'au moment où le résultat est atteint.

Il est *économique*. Les élèves étant nombreux, il est possible de n'exiger de chacun d'eux qu'une rémunération modérée. L'enseignement par correspondance dispense des frais de séjour dans les grandes villes ; il supprime toutes les dépenses dues aux déplacements.

Il peut commencer et se terminer aux *dates fixées par l'élève* sans qu'il y ait à tenir compte des périodes de vacances ou des jours d'ouverture des cours.

Il est *accessible à tous*, puisqu'il n'exige pas la possession d'aucun diplôme pour aborder les études.

Il est donné dans des conditions de confort irréalisables par toutes autres méthodes, puisqu'il a lieu à domicile, sans la présence d'un professeur.

On trouvera dans les pages qui suivent des renseignements détaillés sur l'organisation et les méthodes de l'Ecole Universelle. Nous nous contentons de donner ici des indications succinctes sur les préparations par correspondance intéressant les candidats qui se destinent à la carrière d'aviculteur.

Comment se préparer à la carrière d'aviculteur grâce à l'enseignement par correspondance

Programme de la préparation aux fonctions d'Aviculteur ou Assistant d'Exploitation avicole.

Cette fonction convient aux personnes aimant la vie à la campagne, mais préférant les travaux de la maison à ceux des champs. L'élevage des oiseaux de basse-cour est une occupation fort intéressante pour qui aime les animaux. C'est un métier peu pénible, mais pour lequel il faut posséder, si l'on veut obtenir des résultats sérieux, un certain nombre de notions techniques indispensables. L'assistant bien doué et instruit ne tardera pas à augmenter le rendement de l'entreprise à lui confiée, dans des proportions telles que la confiance de son directeur d'exploitation lui sera vite acquise. Son métier, qu'il exercera avec d'autant plus de goût qu'il jugera facilement et rapidement les résultats acquis, lui procurera toutes les joies d'une vie saine, libre et d'un revenu lucratif. L'aviculture est d'ailleurs susceptible de se développer beaucoup, car elle exige relativement des frais de premier établissement peu élevés et ne réclame qu'une main-d'œuvre réduite. Le nombre de fermes s'annexant ou développant une exploitation avicole est appelé à s'augmenter beaucoup en raison des circonstances économiques. Or, pour donner leur plein rendement, ces établissements seront inéluctablement amenés à faire appel à des spécialistes avertis.

L'*Ecole Universelle* prépare aux fonctions d'*Assistant d'exploitation avicole* à l'aide des cours suivants :

Zootechnie (Généralités du Livre I) (20 *exercices*).

Zootechnie (Livre II) (Animaux de basse-cour) (25 *exercices*).

Notions d'économie et de comptabilité agricoles (5 *exercices*).

PROGRAMME DES COURS

Zootechnie

LIVRE Ier

Généralités. But et avenir de la zootechnie. Domestication. Importance de la production animale. Fonctions économiques. Individualité. Variations. Gymnastique fonctionnelle. Hérédité. Méthodes de reproduction. Rôles des collectivités, des syndicats, de l'Etat. Méthodes d'encouragement. Défense contre les maladies contagieuses. Méthodes d'exploitation du bétail.

Chaque élève du cours reçoit :

1° Le cours détaillé ci-dessus ;

2° Vingt sujets d'exercices écrits à soumettre à notre correction ;

3° Les corrigés types correspondant à ces sujets, rédigés par le professeur compétent.

LIVRE II. — Animaux de Basse-Cour.

Poules. Aménagement du poulailler, races, croisements, ponte. Conservation des œufs. Poules couveuses et couveuses artificielles. Elevage des petits. Hygiène et alimentation. Engraissement. Hygiène et maladies des poules. Pigeons, dindons, pintades, canards, oies, lapins. Races, production de la chair, de la fourrure. Exploitation, alimentation, reproduction, maladies.

Chaque élève du cours reçoit :

1° Le cours détaillé ci-dessus ;

2° Vingt-cinq sujets de compositions écrites à soumettre à notre correction ;

3° Les corrigés types correspondant à ces sujets, rédigés par le professeur compétent.

Notions d'Economie rurale et de Comptabilité agricole

Capital. Travail. Crédit agricole. Syndicats agricoles. Coopératives. Mutualité.
Concours agricoles. Enseignement.
Notions de législation rurale.
Servitudes, police, répression des fraudes, association, accidents, etc...
Principe de la comptabilité. Valeurs immobilières.
Valeurs engagées. Avances aux cultures. Récoltes en terre et en magasin.
Livres principaux de la comptabilité. Comptes spéciaux. Comptes débiteurs. Bilan.

Chaque élève du cours reçoit :

1° Le cours détaillé ci-dessus.

2° Quinze sujets d'exercices écrits à soumettre à notre correction ;

3° Les corrigés types correspondant à ces sujets, rédigés par le professeur compétent.

Etudes préliminaires

Nous avons déjà signalé qu'il n'est pas indispensable de posséder de diplômes pour se créer, dans la carrière de l'aviculture, une situation brillante ; mais, par contre, les candidats qui tiennent à conduire avec maîtrise l'exploitation qui leur est confiée et à ne pas végéter dans les emplois subalternes doivent obligatoirement posséder une solide instruction primaire ou primaire supérieure.

Dans ce cas, l'intérêt des aspirants est de s'adresser à l'Ecole Universelle, dont l'activité s'étend à toutes les matières qui peuvent faire l'objet d'un enseignement. Ils recevront gratuitement les conseils personnels dont ils ont besoin. Le service de renseignements de l'Ecole Universelle leur indiquera, de façon précise, chacun des cours qu'ils ont intérêt à suivre, avant d'aborder des études qui préparent directement aux concours.

Ils peuvent, d'ailleurs, obtenir à titre entièrement gracieux, la brochure n° 7707, relative à l'enseignement primaire, et la brochure n° 7715, relative à l'enseignement commercial.

Nous pensons que nos lecteurs nous serons reconnaissants d'avoir attiré leur attention sur le moyen le plus sûr de réaliser leur ambition et de se préparer, avec toutes chances de succès, au concours qu'ils désirent subir.

Pour éviter les mécomptes douloureux qui peuvent peser sur l'existence entière, les candidats doivent se souvenir qu'il n'est pas possible de trouver des préparations mieux adaptées à l'esprit en même temps qu'à la lettre, des programmes et aux exigences des jurys, que celles qui ont été établies par les professeurs de l'Ecole Universelle. Cet établissement s'est, en effet, classé hors de pair au triple point de vue de l'efficacité de ses méthodes, de la valeur de son corps enseignant, du nombre et de la qualité de ses succès.

Pour se renseigner plus complètement, il suffit de demander à l'Ecole Universelle l'envoi de sa brochure n° 7721 totale.

TABLE DES MATIÈRES

PREMIÈRE PARTIE

La Carrière d'Aviculteur

DEUXIÈME PARTIE

Comment se préparer à la Carrière d'Aviculteur

L'Ecole Universelle
par Correspondance de Paris
placée sous le haut patronage de l'Etat

L'Ecole Universelle par correspondance de Paris, la plus importante du monde est, en France, le premier établissement qui se soit exclusivement consacré à l'enseignement par correspondance et qui se soit attaché à en faire l'instrument le mieux adapté à la diffusion de tous les ordres de connaissances.

Les innombrables succès qu'elle a déjà obtenus et ceux qu'elle enregistre chaque jour, les services éminents qu'elle rend au pays en favorisant le développement de l'instruction et en contribuant au rayonnement de la pensée française à l'étranger, lui ont acquis la plus sympathique renommée dans toutes les classes de la société française, et dans tous les pays où est parlée notre langue.

Il est donc du devoir de tous ceux qui cherchent à s'instruire et de tous ceux qui s'intéressent à un titre quelconque aux progrès de l'enseignement général ou professionnel de ne laisser passer aucune occasion de se documenter sur l'organisation de l'*Ecole Universelle*, ses méthodes, ses programmes, son corps enseignant, la valeur des résultats obtenus.

Il importe surtout de distinguer l'enseignement par correspondance de l'*Ecole Universelle* des procédés empiriques employés par certains établissements, comme complément d'un enseignement oral.

L'Enseignement par correspondance

— Tout le monde reconnaît aujourd'hui les inestimables services que rend l'enseignement par correspondance appliquée, soit à la culture générale des jeunes gens et les jeunes filles d'après les programmes officiels de l'enseignement primaire,secondaire ou supérieur, soit à la préparation aux divers examens universitaires, aux concours d'accès aux grandes écoles et aux fonctions publiques, soit à la formation professionnelle des techniciens de l'industrie, des travaux publics, de l'agriculture et du commerce.

Tous ceux à qui la limite d'âge interdit l'accès des établissements officiels, ceux dont l'état de santé exige des soins particuliers ou des déplacements dans les stations climatiques, ceux qui résident loin d'un centre, ceux qui ne disposent pas de loisirs ou de ressources suffisants pour s'asseoir chaque jour, à heures fixes, pendant de longs mois, sur les bancs d'une école, ceux qui désirent se perfectionner dans une branche spéciale du savoir, bref,

l'énorme majorité de ceux à qui l'enseignement est nécessaire

s'en trouveraient privés s'ils ne pouvaient avoir recours à l'enseignement par correspondance, qui leur donne le moyen d'acquérir chez eux, à leurs moments de loisirs, les connaissances dont ils ont besoin.

— Mais l'enseignement par correspondance est un instrument délicat, dont le maniement exige une longue expérience,

une organisation extrêmement complexe et une spécialisation rigoureuse.

Si vous vous adressez à une école de fondation récente, vous risquez d'être le sujet d'expériences désastreuses et, en tout cas, vous ne bénéficierez pas du prestige que confèrent des études faites dans un établissement dont la réputation déjà ancienne se confirme et s'étend sans cesse par de nouveaux succès.

Si vous demandez l'enseignement par correspondance à une école qui ne s'y consacre pas exclusivement, mais qui le considère comme une annexe de son enseignement sur place, les documents que vous aurez entre les mains ne seront souvent que la rédaction des notes d'après lesquelles les professeurs font leurs cours oraux, vos compositions seront corrigées comme si les annotations devaient être complétées en classe par des explications orales et vous n'obtiendrez pas un résultat proportionné à vos efforts.

Dans un tel établissement, la direction constamment sollicitée par les questions d'horaires et de discipline, appelée à régler les mille difficultés qui résultent de la présence continuelle des élèves et des maîtres, ne peut accorder qu'une attention insuffisante à l'enseignement par correspondance, qui exige cependant de constants efforts d'organisation et de mise au point, mais qui, parce qu'il s'adresse à des élèves éloignés, est fatalement relégué au second rang.

Aussi est-il aujourd'hui reconnu sans conteste, non seulement en France, mais dans tous les pays où se pratique l'enseignement par correspondance et notamment aux Etats-Unis, où il jouit d'une immense faveur, qu'il ne saurait être donné dans les conditions les plus favorables par un établissement qui pratique en même temps l'enseignement sur place.

L'*Ecole Universelle par correspondance de Paris* est, en France, le premier établissement qui se soit

exclusivement consacré à l'enseignement par correspondance.

Toute son organisation administrative, toutes ses méthodes pédagogiques ont pour objet de donner à ce mode d'enseignement son maximum de valeur. Toutes les activités dont elle dispose tendent à le porter à son plus haut degré de perfection.

Elles ne distinguent pas deux catégories d'élèves: ceux que l'on voit et qui bénéficient de soins particuliers, ceux que l'on ne voit pas et auxquels on est tenté de témoigner un moindre intérêt. Tous ses correspondants sont l'objet d'une égale sollicitude.

Tous ses documents, rédigés par des spécialistes éminents, à l'usage des élèves *qui n'ont pas d'autres instruments de travail*, sont conçus de manière à ne laisser subsister aucune obscurité dans l'esprit d'un correspondant réfléchi.

Les annotations portées sur les devoirs, toujours très copieuses et complétées, pour tous les exercices qui le comportent, par le corrigé-type correspondant, équivalent à de véritables leçons particulières et l'élève peut toujours obtenir de ses professeurs des explications complémentaires sur tel ou tel point de son programme ou sur les difficultés qu'il rencontre dans la rédaction de son travail.

Nos méthodes d'enseignement par correspondance

Les méthodes de l'*Ecole Universelle* sont

des méthodes françaises

élaborées et appliquées par une élite de professeurs français. Son enseignement ne doit pas être confondu avec celui que tentent depuis quelque temps de répandre dans notre pays des filiales d'établissements étrangers. Toutes les personnes qui ont pu faire la comparaison n'hésitent pas à proclamer la supériorité de l'enseignement donné par l'*Ecole Universelle*. Il n'en saurait être autrement pour qui sait combien l'enseignemen français est supérieur par sa clarté, par sa profondeur, par son caractère pratique, à celui qui se donne par exemple dans certains pays anglo-saxons.

— L'enseignement de l'*Ecole Universelle* présente tous les avantages d'un

enseignement individuel

D'une part, grâce à la diversité des programmes, il s'adapte aux aptitudes de chaque candidat, au niveau de ses études antérieures et à l'objet qu'il se propose. D'autre part, chaque élève peut commencer ses études à n'importe quelle époque de l'année, les poursuivre selon le temps dont il dispose, selon la rapidité de ses progrès, passer rapidement sur les questions qu'il s'assimile sans peine, et s'attarder au contraire davantage sur celles qui demandent de sa part un effort plus soutenu.

En principe, l'élève règle lui-même son travail d'après ses loisirs et ses convenances personnelles. Mais, s'il préfère se placer plus complètement sous la direction de ses maîtres, ceux-ci lui tracent un emploi du temps, en tenant compte de l'importance de chaque matière et de la difficulté de chaque devoir.

Il voit ainsi s'évanouir toutes les hésitations, tous les atermoiements qui diminueraient sa liberté d'esprit et retarderaient ses progrès.

L'un des objets essentiels de nos méthodes est d'obtenir

le résultat maximum avec le minimum d'efforts et dans le temps minimum.

Nous arrivons en ne demandant à chaque élève que le travail *strictement indispensable* à l'objet qu'il se propose;

Aux candidats à un examen ou à un concours officiel, nous n'imposons que l'étude des matières dont la connaissance est exigée du jury, et toujours en tenant compte de l'importance relative des diverses parties du programme;

A ceux qui veulent acquérir des connaissances en vue d'une application pratique immédiate dans l'industrie, les travaux publics, l'agriculture, le commerce, la banque, etc., nous offrons des programmes allégés de toutes les connaissances qui ne sont pas indispensables à leur formation professionnelle:

Par contre, aux jeunes gens, aux jeunes filles et aux adultes qui suivent par correspondance nos cours d'enseignement secondaire et d'enseignement primaire, sans autre intention prochaine que de former leur esprit et d'étendre leur culture intellectuelle, nous demandons de se conformer rigoureusement aux programmes officiels, qu'une expérience de plusieurs générations a reconnus les plus propres à produire ce résultat.

Dans tous les cas, nos cours sont conçus de façon à épargner à chaque élève toute recherche matérielle, tout travail qui n'aurait pas pour objet direct l'étude des matières de son programme et la rédaction de ses compositions écrites.

— Dès qu'un élève nous a fait parvenir sa lettre d'adhésion, nous lui adressons tout ou partie de ses éléments de travail. Chaque élève reçoit, au cours de sa préparation, tous les documents qui constituent l'enseignement complet; mais nos envois sont susceptibles de diverses modalités. L'importance et la fréquence des envois qui lui sont faits sont fixées par les professeurs, en tenant compte de son degré d'instruction, du temps qu'il peut consacrer à son travail et de la rapidité de ses progrès.

Chacun de nos cours ou préparations

est le résultat de la collaboration de diverses activités, entre lesquelles le travail est rationnellement divisé et dont les efforts sont coordonnés par un professeur-directeur.

Les documents, perfectionnés d'après ces indications, passent ensuite aux mains du chef de service des impressions qui, aidé de ses collaborateurs, veille à ce que la disposition matérielle vienne encore augmenter la clarté de la rédaction et rendre l'étude facile et attrayante.

Un service spécial est chargé, lorsqu'il y a lieu, des illustrations, cartes, dessins ou photogravures, et les exécute avec le même souci de clarté, pour la plus grande commodité de l'élève.

Plusieurs imprimeries, spécialement outillées, sont chargées du tirage des documents adressés à nos élèves. Ces documents sont l'objet d'une incessante revision, en vue de les tenir au courant des modifications de programmes et des perfectionnements de nos méthodes.

— Dès qu'il est en possession d'un envoi de documents, l'élève se met immédiatement au travail. Il étudie d'abord les matières du programme en se conformant strictement aux indications qui lui sont données par ses maîtres dans des

cours spécialement rédigés ou dans des plans d'étude raisonnés accompagnés de conseils pratiques.

Ces conseils pratiques que, seule de tous les établissements d'enseignement par correspondance, l'*Ecole Universelle* fournit à ses élèves, ont pour but d'attirer leur attention sur les points les plus importants de chaque leçon et de leur donner le moyen de vaincre, par leur propre réflexion, les difficultés qu'ils peuvent rencontrer.

— L'élève rédige ses devoirs lorsqu'il possède parfaitement la partie du cours dont le sujet proposé comporte l'application; puis il les soumet à notre correction en se conformant aux indications d'ordre matériel, d'ailleurs fort simples, que nous lui donnons.

Les sujets de devoirs

sont choisis par les maîtres qui ont élaboré les plans d'étude correspondants; ils n'exigent donc aucune connaissance que l'élève ne doive déjà posséder.

— L'efficacité de notre enseignement est due en grande partie à la

minutieuse correction des devoirs.

Les professeurs ne se bornent pas à porter sur la copie une appréciation sommaire accompagnée d'une note chiffrée. Ils signalent en marge toutes les imperfections de détail, en indiquant le moyen d'y remédier; ils signalent de même tous les passages qui révèlent une qualité de l'élève ou un effort digne d'être encouragé. Ils formulent ensuite une appréciation d'ensemble et la font suivre de tous les conseils que leur a suggérés la lecture de la copie.

S'ils rencontrent une composition d'une extrême faiblesse, ils ne la biffent pas d'un trait après en avoir parcouru quelques lignes.

Au contraire, plus un élève paraît avoir de défauts ou de lacunes, plus il attire leur sollicitude. Nous mettons tout en œuvre pour qu'un élève en retard ne se sente pas abandonné à lui-même et pour qu'un élève brillant développe toutes ses qualités.

Toutes les copies qui constituent un même envoi sont réunies, après correction, par les professeurs compétents, dans une chemise spéciale, sur laquelle un directeur des études porte une appréciation générale sur les aptitudes de l'élève, sur ses progrès et ses chances de succès.

Les notes obtenues par chaque élève sont soigneusement relevées et conservées à l'Ecole. Les professeurs et les directeurs des études peuvent, de la sorte, le suivre pas à pas et faire, à chaque instant, le nécessaire pour remédier à ses défauts et accélérer ses progrès.

— Pour éviter à l'élève toute incertitude sur la façon de traiter les sujets de compositions qui lui sont proposés, et pour lui permettre de juger par comparaison de la valeur de ses propres épreuves, l'Ecole lui adresse, pour tous les sujets qui le comportent, des

corrigés types, ou des plans détaillés

rédigés par les professeurs compétents.

Chaque corrigé est adressé à l'élève au moment où il a dû lui-même nous faire parvenir la composition correspondante. Ce modèle complète les annotations portées sur la copie; c'est l'exemple joint au précepte.

— Enfin pour tous les programmes ou parties de programmes qui le comportent, nous proposons à nos élèves des

exercices oraux

questionnaires, explications de textes, etc... Ces exercices ne sont pas soumis à la correction des professeurs, mais toutes les indications sont fournies à l'élève pour qu'il n'éprouve aucune difficulté à les faire seul et à en vérifier l'exactitude.

— Par ce que nous venons de dire, en particulier de la correction des compositions, on se rend compte que nous nous attachons à établir

entre chaque élève et ses maîtres une communication constante

et des relations empreintes de la plus grande bienveillance et de la plus grande sollicitude de la part des maîtres, de la confiance la plus entière et la plus justifiée de la part de l'élève.

Les programmes de l'Ecole Universelle

Les programmes de l'*Ecole Universelle*, lesplus étendus qui aient encore été conçus pour donner satisfaction aux besoins les plus variés, sont

constamment tenus au courant

soit des programmes officiels les plus récents, soit, lorsqu'il s'agit d'enseignement professionnel, des derniers perfectionnements de chaque technique. A l'opposé de certains établissements qui, redoutant de perdre le bénéfice de leurs premières tentatives, ont laissé leur enseignement se cristalliser dans des formes surannées, l'*Ecole Universelle* considère comme une obligation de s'adapter, prudemment, mais hardiment, à tous les besoins nouveaux de l'enseignement et aux aspirations nouvelles de la jeunesse studieuse.

— L'*Ecole Universelle* justifie son titre à la fois par le nombre et la diversité de ses élèves et par l'infinie variété de ses enseignements.

Ses cours sont actuellement suivis par plus de

soixante mille élèves

qui résident tant à Paris que dans les diverses régions de la France, aux Colonies et à l'étranger. Ses élèves appartiennent à toutes les catégories sociales; il en est de tout âge et de toutes professions; chacun d'eux reçoit, à son gré, l'enseignement qu'il se propose.

A côté des élèves les plus modestes, qui lui demandent de les préparer, par exemple, au certificat d'études primaires, elle voit venir à elle d'anciens élèves des grandes Ecoles, des Agrégés de l'Université, qui désirent se perfectionner dans certains ordres de connaissances spéciales ou même s'initier à des études entièrement nouvelles pour eux.

— L'*Ecole Universelle* enseigne, en effet,

à tous les degrés, toutes les matières

qui peuvent faire l'objet d'un enseignement. Elle prend l'élève à quelque âge qu'il se présente et quel que soit le niveau de ses études antérieures. Elle le conduit à son but dans un temps variable, suivant la distance qui l'en sépare, mais toujours plus rapidement et plus facilement qu'il n'y parviendrait en suivant des cours oraux.

L'élève qui désire faire ses classes primaires ou secondaires complètes d'après les programmes officiels, celui qui désire se soumettre à un entraînement méthodique de quelques semaines en vue d'un prochain examen, celui qui limite ses efforts à l'une des matières de son programme, celui qui recherche une formation complète pour exercer l'une des nombreuses fonctions de l'industrie, de l'agriculture, du commerce, de la banque, etc., celui qui, déjà pourvu d'une profession, désire approfondir ses connaissances ou simplement s'initier à une technique nouvelle, quelque spéciale qu'elle soit, tous sont assurés de trouver à l'*Ecole Universelle* le programme d'enseignement qui leur convient et, pour chaque enseignement, des maîtres choisis parmi les spécialistes les plus distingués.

— L'*Ecole Universelle* se propose, comme objet essentiel, de donner à tous ses élèves un enseignement éminemment pratique, c'est-à-dire de mettre ceux qui préparent un examen ou un concours public en mesure d'aborder les épreuves officielles avec

le maximum de chances de succès,

de procurer à ceux qui lui demandent un enseignement professionnel les moyens de

vaincre les difficultés de la pratique courante

et de rendre immédiatement des services dans le poste où ils seront placés.

— Un tel souci n'exclut pas celui de la culture générale des candidats, de la formation de leur esprit. L'enseignement de l'*Ecole Universelle* ne consiste pas dans la répétition mécanique de certains gestes, dans la résolution indéfiniment répétée de quelques exercices types. Il est essentiellement rationnel et tend à donner

des habitudes d'esprit, des méthodes de travail

qui permettront à l'ancien élève laborieux d'approfondir et d'étendre sans cesse ses connaissances et de gravir successivement les divers échelons de la hiérarchie.

— Il apparaît clairement qu'un enseignement aussi varié ne peut être donné que par un établissement dont l'organisation réponde à cette multiplicité de programmes. L'*Ecole Universelle* comprend

autant de sections que son enseignement comporte de branches distinctes.

La direction de chacune de ces sections est confiée à un ou plusieurs spécialistes dont les titres officiels garantissent la compétence et qui s'attachent à déterminer les méthodes les mieux adaptées à l'étude des matières qu'ils sont chargés d'enseigner.

Son organisation unique permet à l'*Ecole Universelle* de faire bénéficier, pour des prix très modérés, toutes les personnes qui s'adressent à elle, des conseils et leçons des spécialistes éminents dont sa réputation lui a valu le concours.

Le Corps enseignant de l'Ecole Universelle

— Chacun sait que dans un établissemnt qui ne compte qu'un petit nombre d'élèves, un même professeur est fréquemment chargé de l'enseignement de plusieurs matières. Au contraire, les établissements importants, tels que les grands lycées de Paris, comptent parfois deux ou plusieurs professeurs pour une même matière. L'*Ecole Universelle,* qui compte infiniment plus d'élèves que l'établissement le plus fréquenté ne confie chaque enseignement qu'à des

spécialistes choisis parmi les plus distingués

Professeurs pourvus des titres les plus appréciés qui exercent ou ont exercé dans l'Université les plus hautes fonctions et qui, à mainte reprise, ont fait partie des jurys d'examens, — anciens élèves des grandes Ecoles spéciales qui sont parvenus dans l'Armée ou dans la Marine, aux échelons supérieurs de la hiérarchie ou qui, dans l'industrie, les travaux publics, l'agriculture, le commerce, exercent des fonctions de choix, — fonctionnaires supérieurs des administrations de l'Etat, des services concédés ou des administrations privilégiées, lui apportent le tribut du savoir et de l'expérience qu'ils ont acquis au cours de longues années d'études et de travaux personnels.

— Par un groupement rationnel de ces compétences, si nombreuses et si diverses, elle a institué

différents organes qui se complètent l'un l'autre et concourent à donner à son enseignement le maximum d'efficacité.

Les directeurs généraux de l'Enseignement prennent toutes les décisions relatives aux programmes et aux méthodes; ils impriment, en outre, aux diverses sections de l'Ecole, l'impulsion d'ensemble qui assure à leurs enseignements la cohésion indispensable.

Les directeurs des études examinent les travaux des élèves annotés par les professeurs, veillent à ce que les corrections soient faites avec tout le soin désirable, formulent une appréciation générale sur chaque groupe de composition soumis à la correction et donnent aux élèves les conseils de nature à augmenter l'efficacité de leurs efforts.

Les professeurs de l'Ecole rédigent, comme il est dit plus haut, les cours et documents destinés aux élèves et corrigent leurs compositions.

Ceux des professeurs qui font partie du *Conseil de Perfectionnement* peuvent être appelés à donner leur avis sur les méthodes d'enseignement, la rédaction des cours, le choix des exercices, la correction des devoirs, etc...

Les résultats obtenus

— Les résultats de ces méthodes qui s'affirmèrent exceptionnellement encourageants dès l'origine de l'*Ecole Universelle,* en 1907, ne cessent, depuis dix-neuf ans, grâce à de continuels perfectionnements, de se manifester comme toujours plus brillants. Nous pouvons l'affirmer hautement,

aucun autre établissement

ne peut faire état de succès comparables à ceux que nous enregistrons dans tous les ordres d'enseignement.

— Une consécration en quelque sorte officielle des résultats de notre enseignement nous est fournie par

les succès de nos élèves aux examens et concours publics.

C'est par milliers, en effet, que les élèves de l'*Ecole Universelle* ont été reçus aux examens de l'Université (brevets, baccalauréats, professorats, licences), aux concours d'admission aux grandes Ecoles et à ceux des administrations de l'Etat. En *deux ans* seulement, *cent six* ont été classés avec le *numéro un* à la suite de ces concours auxquels prenaient part les candidats de la France entière.

De tels résultats, officiellement constatés, mettent hors de pair l'enseignement de l'*Ecole Universelle.*

— La valeur de notre enseignement par correspondance est encore établie par la faveur dont il jouit, non seulement auprès de toute la jeunesse studieuse et active du pays, mais encore auprès des

chefs d'entreprise soucieux de recruter un personnel de choix.

Ceux-ci nous donnent, en effet, les marques les plus évidentes de leur confiance et de leur estime en nous adressant de nombreuses offres d'emplois.

De nouvelles preuves de la valeur de nos méthodes et de nos programmes, du dévouement et de la compétence de notre corps enseignant se trouvent dans les

milliers de lettres d'éloges et de témoignages de gratitude

que nous adressent nos correspondants ou leurs parents.

Un grand nombre de ces lettres sont signées par des fonctionnaires, des ingénieurs, des officiers supérieurs, des membres de l'Université, c'est-à-dire par des personnes particulièrement aptes à juger la méthode de travail et les progrès d'un élève.

Plusieurs centaines d'entre elles sont insérées chaque année dans quelques-unes des brochures et publications de l'*Ecole Universelle.* Toutes sont mises, dans ses bureaux, à la disposition des personnes qui désirent en prendre connaissance.

Toutes ces lettres nous sont adressées spontanément. Aucune d'elles n'a jamais été sollicitée.

— Ce sont de tels résultats qui ont valu à l'*Ecole Universelle* les marques d'encouragement les plus flatteuses de la part des pouvoirs publics :

le haut patronage de l'Etat

et l'inauguration de ses nouveaux bureaux, en juin 1923, par M. le Ministre de l'Instruction Publique et des Beaux-Arts, en présence des représentants de plusieurs autres Ministres et Sous-Secrétaires d'Etat et d'un grand nombre de personnalités officielles.

Sanctions des Etudes

Bien que l'objet essentiel de l'*Ecole Universelle* consiste, sans plus, à répandre l'enseignement à tous les degrés et dans toutes les spécialités, bien que la somme versée par chaque élève représente uniquement le prix de l'enseignement reçu, l'Ecole accorde gracieusement aux personnes qui s'adressent à elle des avantages supplémentaires d'une importance pratique indéniable.

— A ceux de ses élèves qui se sont préparés sous sa direction à un examen universitaire ou à un concours public, elle délivre des

certificats de scolarité ou des certificats d'études

qui mentionnent les cours suivis et les notes obtenues pour chaque composition écrite. Ces certificats sont revêtus du sceau de l'Ecole, annotés et signés par un Directeur des Etudes. Ils constituent des documents dont les jurys officiels tiennent le plus grand compte.

— A ceux des élèves qui ont suivi l'une de ses préparations directes aux diverses fonctions de l'Industrie, des Travaux publics, de l'Agriculture, du Commerce, etc..., l'*Ecole Universelle* décerne après des examens qui se passent à Paris, dans des conditions de loyauté et d'impartialité absolues,

les diplômes correspondant à leurs études.

L'indépendance des jurys d'examens et le renom dont jouit l'*Ecole Universelle* confèrent à ces diplômes une autorité telle que les titulaires sont assurés de trouver le meilleur accueil auprès des chefs d'entreprise soucieux de recruter des collaborateurs compétents.

— Poussant plus loin le souci de l'avenir de ses élèves, l'Ecole délègue à un organisme spécial, l'*Association générale des Maîtres, Elèves et anciens Elèves*, l'administration d'un

office de placement.

L'Association centralise et transmet à ses adhérents les offres d'emplois qui lui parviennent.

Par suite de la diversité presque infinie des enseignements donnés par l'*Ecole Universelle,* les membres de l'Association se recrutent dans les milieux les plus différents, dans toutes les régions de la France, aux colonies et dans tous les pays étrangers où peut pénétrer l'enseignement en langue française.

Il en résulte qu'elle est en mesure, mieux que toute autre organisation analogue, de seconder ses adhérents dans les circonstances les plus diverses: recherche d'une situation plus avantageuse, changement complet d'orientation, etc... Après avoir aidé au placement et parfois même à l'établissement de certains de ses membres, elle peut, dans la suite, leur procurer du personnel, des clients, des débouchés. En un mot, c'est une vaste organisation d'aide mutuelle disposant de moyens d'action exceptionnels.

Enfin, l'Ecole s'efforce d'entretenir avec tous ses anciens élèves, membres ou non de l'Association, les relations les plus cordiales. Elle met à leur disposition son

Office de renseignements gratuits

et les aide de ses avis pendant toute la suite de leur carrière.

Conclusion

Nous avons essayé de donner, dans les pages qui précèdent, une idée générale de l'organisation et des méthodes de l'*Ecole Universelle.*

Ce qu'il est impossible de faire comprendre dans un exposé forcément limité, c'est la souplesse de cette organisation, la sollicitude avec laquelle sont appliquées ces méthodes, pour le plus grand profit des élèves.

La souplesse de cette organisation, on l'appréciera en consultant les brochures spéciales que l'Ecole adresse gratuitement sur demande et qui sont consacrées aux divers ordres d'enseignement: — enseignement primaire, et préparation aux brevets; enseignement secondaire et baccalauréats; préparation aux examens de l'enseignement supérieur (lettres, sciences, droit); — préparation aux grandes écoles spéciales; — préparation aux carrières de l'industrie, des travaux publics, de l'agriculture; — préparation aux fonctions du commerce et de l'industrie hôtelière; — préparation aux carrières administratives; — préparation aux carrières de la marine marchande · — enseignement des langues vivantes; — enseignement de la musique; — enseignement du dessin; — préparation aux métiers d'art; — cours d'orthographe, de rédaction, de calcul, de calcul extra rapide, d'écriture et de calligraphie; — cours divers d'instruction générale (enseignement littéraire, scientifique et artistique).

Quant à la sollicitude avec laquelle sont appliquées ces méthodes, nous laissons le soin de la proclamer à ceux-là mêmes qui en ont fait l'expérience et qui, dans des milliers de lettres d'éloges, ont tenu, sans y être sollicités, à dire tout le bien qu'ils pensent de l'enseignement de l'*Ecole Universelle* et les avantages qu'ils en ont retirés.

Il n'est personne qui, après avoir pesé avec soin les garanties de toute nature qu'elle donne aux élèves et aux familles, puisse encore hésiter un seul instant entre l'*Ecole Universelle* et l'un quelconque des établissements qui, désespérant de l'égaler, masquent par une argumentation fallacieuse l'insuffisance de leurs méthodes et l'indigence de leurs succès.

Les principales sections de l'Ecole Universelle

Pour donner le maximum d'efficacité à ses enseignements des divers ordres et pour adapter ses méthodes générales aux multiples spécialités de ses programmes, l'*Ecole Universelle par correspondance de Paris* divise entre plusieurs sections la tâche qu'elle s'est assignée.

On trouvera ci-dessous des renseignements sur l'activité de chacune de ces sections.

Enseignement primaire

Chacun, quel que soit son âge, son degré d'instruction, sa résidence, peut, grâce aux

Cours complets d'enseignement primaire

de l'*Ecole Universelle,* faire chez lui, aux heures qui lui conviennent le mieux, toutes les études que l'on fait d'ordinaire dans les établissements primaires d'enseignement oral.

— Ses cours primaires correspondent en tous points aux programmes officiels d'enseignement. Ils embrassent toutes les classes de l'enseignement primaire, depuis le cours élémentaire jusqu'aux trois années d'école normale inclusivement et, dans chaque classe, la totalité des matières inscrites au programme. C'est dire qu'il s'agit d'un enseignement rigoureusement complet.

— La supériorité didactique de son enseignement le fait rechercher aussi bien par les élèves qui pourraient, en raison de leur résidence, suivre les cours des meilleures institutions, que par ceux qui sont dans l'impossibilité de le faire.

— A qui suit déjà les cours d'une école, l'enseignement par correspondance donne la certitude d'en devenir l'un des plus brillants élèves.

— A celui que des raisons quelconques obligent à se préparer seul, cet enseignement permet de réaliser des progrès plus rapides que ceux de la majorité des élèves de l'enseignement collectif oral.

— Enfin, cet enseignement est le seul que puissent suivre les élèves obligés de se déplacer ou ceux qui résident à l'étranger.

— L'enseignement étant rigoureusement individuel, chaque élève peut s'inscrire et commencer ses études à n'importe quelle date, sans excepter la période des vacances. Les élèves ou leurs parents fixent eux-mêmes la durée de chaque classe.

— Chaque élève des cours primaires se trouve, à la fin de ses études, dans la même situation que si, depuis le cours élémentaire, il avait reçu les leçons particulières d'autant de professeurs que les programmes comportent de matières différentes.

La savante gradation des plans d'études le conduit sans heurts, sans surmenage, sans le fameux coup de collier, si funeste à la santé, d'une classe à la classe supérieure, et cela jusqu'à l'examen qui couronne ses études.

— Voici la liste des cours complets et la nomenclature sommaire des documents dont se compose chacun d'eux.

I. — Cours de l'Enseignement Primaire Elémentaire

Ces cours correspondent aux six annres de l'enseignement primaire officiel.

Le *Cours élémentaire* s'adresse aux enfants qui savent lire, écrire et un peu compter: ce sont en général des enfants de sept à neuf ans. Il convient également aux adultes qui veulent reprendre leurs études par la base.

Les deux années du *Cours moyen* s'adressent aux enfants de neuf à onze ans qui, ayant suivi le cours élémentaire, se préparent au certificat d'études primaires. Ils embrassent tout le programme du cours moyen des écoles primaires (1re et 2e années).

Le *Cours supérieur* s'adresse aux enfants qui, ayant suivi avec fruit le cours élémentaire et le cours moyen, veulent, entre la onzième et la treizième année, parfaire leur instruction et se préparer à divers examens et concours (certificat d'études primaire, admission au cours complémentaire, écoles primaires supérieures, bourses nationales). Il s'adresse également aux jeunes gens qui, ayant quitté l'école à douze ans, et ne désirant pas se présenter aux examens supérieurs, veulent cependant développer leur instruction et acquérir une foule de connaissances pratiques qui leur seront d'une extrême utilité dans leur profession. Ce cours constitue une étape obligée entre le cours moyen et le cours complémentaire.

Les deux années du *Cours complémentaire* s'adressent à tous ceux qui, après avoir suivi le cours supérieur, veulent étendre et approfondir leurs connaissances, de façon à pouvoir, soit améliorer leur situation au bureau, à l'atelier, au magasin, etc., soit aborder et suivre ensuite, sans effort, des préparations qui ne leur seraient pas directement accessibles (concours des Póstes et Télégraphes, des Contributions indirectes, etc.).

Tous ces cours conviennent également aux élèves des écoles publiques ou privées qui veulent rendre leurs études plus fructueuses, en complétant les leçons de leurs maîtres par celles de professeurs spécialistes.

Matières du Programme. — Documents adressés aux élèves.

Cours élémentaire. — Langue française, histoire, géographie, instruction civique, morale, arithmétique, leçons de choses, dessin, écriture, éducation physique.

En tout 168 plans d'étude, 396 sujets de compositions, 48 dessins à exécuter et à soumettre à notre service de correction, 396 corrigés-types (devoirs entièrement traités).

Cours moyen (1re et 2e *années*). — Langue française, histoire, géographie, instruction civique, morale, arithmétique et géométrie, éléments de sciences physiques et naturelles, dessin à vue, d'ornement, géométrique, éducation physique, écriture, musique, couture.

En tout, pour chaque année, 180 plans d'étude, 468 sujets de compositions, 48 dessins à exécuter et à soumettre à notre service de correction, 24 exercices spéciaux d'écriture, 48 exercices de solfège, 12 exercices de couture avec correction, 12 progressions de mouvements, 468 corrigés types (devoirs entièrement traités).

Cours supérieur. — Langue française, histoire, géographie, instruction civique, morale, arithmétique et géométrie, sciences physiques et naturelles, dessin d'art, dessin géométrique, écriture, musique, couture, éducation physique.

En tout 180 plans d'étude, 468 sujets de compositions, 48 dessins à exécuter et à soumettre à notre service de correction, 24 exercices spéciaux d'écriture (cursive, ronde, bâtarde), 48 exercices de solfège, 12 exercices de couture avec correction, 12 progressions de mouvements, 468 corrigés types (devoirs entièrement rédigés).

Cours complémentaire (1re *et* 2e *années*). — Langue française, langues vivantes, histoire et géographie, instruction civique et morale, mathématiques, sciences physiques et naturelles, écriture, dessin, musique, couture, éducation physique.

En tout, pour chaque année, 132 plans d'étude, 468 sujets de compositions, 24 exercices spéciaux d'écriture (ronde, bâtarde, grosse cursive et fine cursive), 24 sujets de dessin (croquis coté et ornement pour les jeunes gens), 24 sujets de dessin (ornement surtout pour les jeunes filles), 48 exercices de solfège, 12 exercices de couture avec correction, 12 progressions de mouvements, 468 corrigés types (devoirs entièrement rédigés).

II. — Cours des Ecoles primaires supérieures

Ces cours s'adressent aux jeunes gens qui veulent poursuivre leurs études primaires supérieures ou se préparer avec le maximum de chances de succès au Brevet élémentaire et au concours d'admission aux Ecoles Normales.

L'enseignement de l'*Ecole Universelle* est le seul que puissent suivre ceux qui ont dû, par suite de circonstances diverses, interrompre leurs études pour entrer à l'atelier, au bureau ou au magasin. A ces jeunes gens, ses cours donnent le moyen de concilier les nécessités présentes avec leurs légitimes aspirations d'avenir.

Enfin, il va sans dire que ces cours peuvent être utilisés comme complément de l'enseignement collectif oral, par les élèves des écoles primaires supérieures comme par ceux qui veulent, sans se déplacer, suivre, à l'école primaire, avec le concours de leurs instituteurs, le cycle complet de l'enseignement primaire supérieur.

Nous ne pouvons faute de place, donner le tableau détaillé des préparations que nous avons instituées pour chacune des quatre sections spéciales : Industrielle, Commerciale, Agricole et Ménagère. Etablies sur le même plan que la section d'Enseignement général, elles embrassent comme elle toutes les matières prévues au programme de chaque section.

L'enseignement embrasse l'ensemble des matières inscrites au programme, sans laisser dans l'ombre les enseignements spéciaux : chant, travail manuel, gymnastique, etc...

Matières du programme. — Documents adressés aux élèves

1re, 2e *et* 3e *années*. — Instruction morale et civique, législation et économie politique, langue française et littérature, langues vivantes, histoire, géographie, mathématiques, sciences physiques et naturelles, dessin d'art, dessin géométrique, écriture, gymnastique, musique, enseignement manuel.

En tout, pour chaque année, 168 plans d'étude, 372 sujets de compositions, 12 sujets de dessin artistique, 12 sujets de dessin géométrique, 24 exercices spéciaux d'écriture (ronde, bâtarde, cursive), 12 progressions de gymnastique suédoise, 24 exercices de solfège, 372 corrigés types.

III. — Cours des Ecoles normales primaires

Ces cours qui embrassent l'ensemble des matières inscrites au programme des trois années des Ecoles normales, s'adressent aux candidats qui ne veulent ou ne peuvent suivre les cours d'une de ces écoles.

C'est, en particulier, le cas des *institutrices et instituteurs intérimaires* qui, entrés dans l'enseignement avec le brevet simple, désirent se mettre au niveau des élèves-maîtres sortants et s'assurer une carrière plus facile et plus brillante.

Les cours de l'*Ecole Universelle* leur permettent de se présenter sans crainte au *brevet supérieur* et de suivre ensuite, avec plus de facilité et de profit, sa préparation au *certificat d'aptitude pédagogique.*

Alors que, pour toutes nos classes primaires et primaires supérieures, l'inscription à la classe complète est obligatoire, nous donnons, pour les cours des Ecoles normales primaires, la faculté de suivre séparément un ou plusieurs cours.

Les candidats au brevet supérieur n'ayant pas, à une session d'examen, obtenu, pour une ou plusieurs épreuves une note égale ou supérieure à la moyenne, peuvent ainsi approfondir seulement le programme des matières qui font l'objet de ces épreuves.

D'autre part, cette disposition de nos cours permet aux aspirants qui jugent leurs connaissances insuffisantes sur certaines questions, d'étudier uniquement le programme qui les intéresse.

Matières du programme. — Documents adressés aux élèves

1re *et* 2e *années.* — Langue française, algèbre, arithmétique, géométrie, physique, histoire naturelle, chimie, psychologie et pédagogie (1re année), sociologie et pédagogie (2e année), histoire, géographie, musique, dessin géométrique, dessin d'ornementation, matières à option, travaux manuels ou agricoles ou ménagers, gymnastique, langue vivante.

En tout pour chacune des 2 premières années, 168 plans d'étude, 324 sujets de composition, 24 exercices de solfège, 12 dessins géométriques, 12 dessins à vue et d'ornement, 12 progressions de gymnastique, 324 corrigés types.

3e *année.* — Langue française, mathématiques, hygiène, physique, chimie, matières à option (garçons), sciences appliquées à l'industrie, agriculture et sciences appliquées à l'agriculture, enseignement pratique; jeunes filles: pédagogie des écoles maternelles, puériculture et hygiène et sciences appliquées, économie domestique, enseignement ménager, hygiène et sciences appliquées, philosophie scientifique et morale et pédagogie, histoire, musique, dessin géométrique, dessin d'ornementation, matières à option: travaux manuels, agricoles ou ménagers, gymnastique, langues vivantes.

En tout, 132 plans d'études, 228 sujets de compositions, 24 exercices de solfège, 12 dessins géométriques, 12 dessins d'ornementation, 12 progressions de gymnastique, 228 corrigés types.

Pour les élèves qui le demandent, les plans d'étude et les questionnaires sont complétés ou remplacés, selon le cas, par des

instruments de travail complets

cours entièrement rédigés par les professeurs de l'Ecole ou volumes classiques choisis avec le plus grand soin parmi les plus récemment édités.

A côté de ces cours complets, l'*Ecole Universelle* a organisé depuis plusieurs années des

préparations spéciales aux divers examens.

Certificat d'études primaires élémentaires, — Bourses Nationales, — Brevet d'études primaires supérieures, — Brevet élémentaire et concours d'admission aux Ecoles normales primaires, — Brevet supérieur, — Bourses de 4e année dans les Ecoles, — Auxiliariat, — Certificat d'aptitude pédagogique, — Certificats d'aptitude aux divers professorats, — Certificat d'aptitude à l'Inspection des Ecoles primaires et à la direction des Ecoles normales, — Concours d'admission aux Ecoles normales supérieures de Saint-Cloud et de Fontenay-aux-Roses, — Concours d'admission à l'Ecole Normale de l'enseignement technique.

N.-B. — Il suffit d'indiquer à l'Ecole Universelle les classes déjà suivies par l'élève, le but vers lequel il se dirige, et le temps dont il dispose pour recevoir, par retour du courrier, des renseignements complets au sujet de la classe par laquelle il doit commencer ses études et du temps qu'il convient de consacrer à chaque classe. (Joindre un timbre pour l'affranchissement de la réponse.)

Ces préparations aux examens de l'enseignement primaire et primaire supérieur diffèrent des cours primaires du degré correspondant en ce qu'elles sont limitées aux matières qui font, à l'examen, l'objet de compositions écrites ou d'interrogations orales. Mais elles embrassent la *totalité du programme de l'examen* et ne laissent dans l'ombre aucune des questions que le candidat peut être appelé à traiter par écrit ou oralement.

Pour avoir des renseignements plus complets et le prix de chacun de ces enseignements, demandez à l'Ecole Universelle l'envoi gratuit de la

Brochure N° 600 relative a l'Enseignement primaire et primaire supérieur.

Enseignement secondaire et supérieur

Nos Cours complets d'Enseignement secondaire

permettent à chacun de faire chez soi, sans déplacement et aux heures qui conviennent le mieux, toutes les études que l'on fait d'ordinaire dans les lycées, collèges et établissements privés d'enseignement secondaire.

Nos cours secondaires embrassent toutes les classes de l'enseignement officiel, depuis la sixième jusqu'aux classes du baccalauréat inclusivement et, dans chaque classe, la totalité des matières inscrites au programme.

L'expérience a montré que notre enseignement permet d'étudier avec profit certain, en une seule année, les matières dont se composent les programmes de plusieurs classes.

Chaque élève de nos cours secondaires se trouve, à la fin de ses études, dans la même situation que si, depuis la sixième jusqu'au baccalauréat inclus, il avait reçu les leçons particulières d'autant de professeurs que les programmes comportent de matières différentes.

L'efficacité de nos cours secondaires est établie d'une façon indiscutable par le succès de nos élèves aux divers examens du baccalauréat: chaque année nos élèves remportent des centaines de succès.

La puissante organisation de l'*Ecole Universelle* et l'importance de son personnel enseignant lui permettent d'adapter, dans le minimum de temps, son enseignement aux dispositions nouvelles qui pourraient modifier les programmes. Tous ses correspondants sont donc assurés de recevoir, en s'adressant à elle, un enseignement absolument conforme à l'esprit et à la lettre des programmes les plus récents.

Voici la liste de ses classes complètes d'enseignement secondaire, avec la nomenclature sommaire des documents que comporte chacune d'elles:

Matières du Programme. — Documents adressés aux élèves.

Sixième A. — Français, latin, langue vivante, histoire, géographie, mathématiques, sciences naturelles, dessin.

En tout 84 plans d'étude, 276 sujets à traiter, 276 corrigés types. (Plans détaillés ou sujets entièrement traités).

Sixième B. — Français, langue vivante, histoire, géographie, mathématiques, sciences naturelles, dessin.

En tout, 72 plans d'étude, 264 sujets de compositions, 264 corrigés types (plans détaillés ou sujets entièrement traités).

Cinquième A. — Français, latin, langue vivante, histoire, géographie, mathématiques, histoire naturelle, introduction à l'étude du grec, dessin.

En tout, 84 plans d'étude, 276 sujets à traiter, 276 corrigés types (plans détaillés ou sujets entièrement traités).

Cinquième B. — Français, langue vivante, histoire, géographie, mathématiques, histoire naturelle, dessin.

En tout, 72 plans d'étude, 264 sujets de compositions, 264 corrigés types (plans détaillés ou sujets entièrement traités).

Quatrième A. — Français, latin, langue vivante, histoire, géographie, mathématiques, sciences naturelles, grec, dessin.

En tout, 108 plans d'études, 324 sujets à traiter, 336 corrigés types (plans détaillés ou sujets entièrement traités).

Quatrième B. — Français, 1re langue vivantte, 2e langue vivante, histoire, géographie, mathématiques, sciences naturelles, dessin.

En tout, 108 plans d'étude, 264 sujets à traiter, 264 corrigés types (plans détaillés ou sujets entièrement traités).

Troisième A. — Français, latin, langue vivante, histoire, géographie, mathématiques, sciences naturelles, grec, art, dessin.

En tout, 96 plans d'étude, 288 sujets à traiter, 312 corrigés types.

Troisième B. — Français, langue vivante, histoire, géographie, mathématiques, sciences naturelles, art, dessin.

En tout, 108 plans d'étude, 288 sujets à traiter 288 corrigés types (plans détaillés ou sujets entièrement traités).

Seconde A (latin-grec). — Français, latin, grec, langue vivante, histoire, géographie, mathématiques.

En tout, 84 plans d'étude, 282 sujets à traiter, 306 corrigés types (plans détaillés ou sujets entièrement traités).

Seconde B (latin-langues). — Français, latin, 1re langue vivante, 2e langue vivante, histoire, géographie, mathématiques.

En tout, 84 plans d'étude, 282 sujets à traiter, 294 corrigés types (plans détaillés ou sujets entièrement traités).

Seconde C (latin-sciences). — Français, latin, langue vivante, histoire, géographie, mathématiques, physique, chimie.

En tout, 96 plans d'étude, 282 sujets à traiter, 294 corrigés types (plans détaillés ou sujets entièrement traités).

Seconde D (sciences langues). — Français, 1re langue vivante, 2e langue vivante, histoire, géographie, mathématiques, physique, chimie.

En tout, 96 plans d'étude, 282 sujets à traiter, 282 corrigés types (plans détaillés ou sujets entièrement traités).

Première A (latin-grec). — Français, latin, grec, langue vivante, histoire, géographie, mathématiques.

En tout, 84 plans d'étude, 288 sujets à traiter, 312 corrigés types (plans détaillés ou sujets entièrement traités).

Première B (latin-langues). — Français, latin, 1re langue vivante, 2e langue vivante, histoire, géographie, mathématiques.

En tout, 84 plans d'étude, 288 sujets à traiter, 300 corrigés types (plans détaillés ou sujets entièrement traités).

Première C (latin-sciences). — Français, latin, langue vivante, histoire, géographie, mathématiques, physique, chimie.

En tout, 96 plans d'étude, 324 sujets à traiter, 336 corrigés types (plans détaillés ou sujets entièrement traités).

Première D (sciences-langues). — Français, 1re langue vivante, 2e langue vivante, histoire, géographie, mathématiques, physique, chimie.

En tout, 96 plans d'étude, 324 sujets à traiter, 324 corrigés types (plans détaillés ou sujets entièrement traités).

Classe de philosophie. — Philosophie et auteurs philosophiques, enseignement littéraire, histoire, géographie, langue vivante, cosmographie, physique, chimie, sciences naturelles.

En tout, 96 plans d'étude, 204 sujets à traiter, 104 corrigés types (plans détaillés ou sujets entièrement traités).

Classe de Mathématiques. — Philosophie, histoire, géographie, langue vivante, mathématiques, physique, chimie, sciences naturelles.

En tout, 96 plans d'étude, 252 sujets à traiter, 252 corrigés types (plans détaillés ou sujets entièrement traités).

Mathématiques spéciales. — Composition française, mathématiques, physique, chimie, dessin d'architecture et de machines, langue allemande.

En tout, 72 plans d'étude, 373 sujets à traiter, 299 corrigés types (plans détaillés ou sujets entièrement traités).

Pour les élèves qui le demandent, les plans d'étude et les questionnaires sont, suivant le cas, complétés ou remplacés par des

instruments de travail complets

— Parallèlement à ses cours complets, l'*Ecole Universelle* a organisé depuis plusieurs années des

Cours secondaires de vacances

qui constituent un merveilleux exercice d'entraînement, spécialement destiné aux élèves qui désirent utiliser les loisirs des grandes vacances, et des

Préparations spéciales aux divers Baccalauréats

à l'intention des candidats qui, ayant échoué à une session, à l'écrit ou à l'oral, désirent réparer cet échec à la session suivante, — de ceux qui, ayant abandonné leurs études après la classe de seconde, désirent plus tard se préparer seuls, — de ceux qui jugent nécessaire de compléter l'enseignement collectif oral par un enseignement individuel par correspondance.

Ses préparations au Baccalauréat diffèrent de son enseignement secondaire par correspondance en général et plus particulièrement de ses classes de Première, Philosophie et Mathématiques, en ce qu'elles sont limitées aux matières qui font, à l'examen, l'objet de compositions écrites ou d'interrogations orales. Mais elles embrassent la *totalité du programme de l'examen* et ne laissent dans l'ombre aucune des questions que le candidat peut être appelé à traiter par écrit ou oralement.

— A l'intention des jeunes gens et jeunes filles qui, après avoir terminé leurs études secondaires, veulent obtenir l'un des

Diplômes de l'Enseignement supérieur

exigés pour aborder, soit les carrières libérales, soit les carrières de l'enseignement, soit certaines carrières administratives, l'*Ecole Universelle* a organisé des préparations par correspondance à la plupart des examens de l'enseignement supérieur:

A) LETTRES

— Concours d'admission à l'école normale supérieure et aux Bourses de licence (lettres).
— Agrégation de l'enseignement secondaire féminin (lettres).
— Certificat d'aptitude à l'enseignement des lettres dans les lycées de jeunes filles.
— Certificat d'aptitude à l'enseignement des langues vivantes dans les lycées et collèges.
— Certificat d'aptitude au professorat des classes primaires dans les lycées et collèges de jeunes filles.
— *Licence ès-lettres.*

I. — *Mention:* Philosophie

a) Certificat d'histoire et de la philosophie.
b) Certificat de morale et sociologie.
c) Certificat de psychologie.
d) Certificat de philosophie générale et logique.

II. — *Mention:* Lettres

a) Certificat de littérature française.
b) Certificat d'études grecques.
c) Certificat d'études latines.
d) Certificat de grammaire et de philologie.

III. — *Mention:* Histoire et Géographie

a) Certificat d'histoire ancienne.
b) Certificat d'histoire du moyen âge.
c) Certificat d'histoire moderne et d'histoire contemporaine.
d) Certificat de géographie.

IV. — *Mention:* Langues Vivantes

a) Certificat d'études littéraires classiques.
b) Certificat de littérature étrangère.
c) Certificat de philologie.
d) Certificat d'études pratiques.

B) SCIENCES

— Agrégation de l'enseignement secondaire féminin (mathématiques).
— Certificat d'aptitude à l'enseignement secondaire des jeunes filles, section des sciences.
— Concours d'admission à l'Ecole normale supérieure et aux bourses de licences (sciences).
— *Licences ès-sciences.*

a) Certificat d'études supérieures de mathématiques générales.
b) Certificat d'études supérieures de calcul différentiel et intégral.
c) Certificat d'études supérieures de mécanique rationnelle.

C) DROIT

a) *Préparation aux Examens*

Certificat de capacité (1er examen).
Certificat de capacité (2e examen).
Licence (1re année).
Licence (2e année).
Licence (3e année).

b) *Cours séparés*

La connaissance du droit est d'une utilité capitale pour nombre de professions: hommes politiques, journalistes, industriels, commerçants, agriculteurs, fonctionnaires de tout ordre, ont intérêt à connaître notre législation.

C'est ainsi par exemple qu'un commerçant ou industriel ne fera un bon juge consulaire que s'il est au courant du droit commercial et même du droit civil.

Cependant, tous ceux qui, soit faute de temps, soit faute du grade de bachelier, ne peuvent ou ne veulent suivre les cours d'une Faculté, et ceux qui, sans viser à l'obtention d'un diplôme, s'intéressent aux études juridiques, se trouvent généralement fort embarrassés pour entreprendre ces études, et risquent, en s'y adonnant sans le secours d'un guide expérimenté, de faire fausse route, d'acquérir des notions inexactes, ou encore de délaisser prématurément une étude dont l'aridité apparente les rebute.

C'est à ceux-là que s'adressent les *Cours de droit séparés* de l'*Ecole Universelle.* Conçus d'après une méthode qui a fait depuis longtemps ses preuves, ces cours comprennent, outre les matières enseignées dans les Facultés de Droit, un certain nombre d'autres cours plus spécialement utiles à telle ou telle profession.

Pour l'exposé détaillé de ses méthodes, la liste complète de ses cours et préparations d'enseignement secondaire et d'enseignement supérieur, le prix de chacun de ses cours et préparations, demandez à l'Ecole Universelle l'envoi gratuit de sa

Brochure n° 618, relative a l'Enseignement secondaire et supérieur.

Préparation aux grandes Ecoles

Les préparations de l'*Ecole Universelle* aux concours d'admission aux grandes Ecoles ont été établies par des comités composés d'universitaires (docteurs, agrégés, licenciés) et de ***spécialistes, anciens élèves diplômés de ces Ecoles*** et, par suite, parfaitement au courant des difficultés particulières à chaque concours et des exigences de chaque jury d'examen.

Alors que dans beaucoup d'établissements d'enseignement collectif oral, un même cours prépare à la fois à plusieurs Ecoles différentes, chacune de ses préparations est établie pour une seule Ecole.

Ces préparations sont d'ailleurs conçues d'après les mêmes méthodes que les préparations aux examens de l'enseignement primaire, secondaire et supérieur, dont l'efficacité est établie par les centaines de succès enregistrés chaque année.

Liste des principales Préparations aux grandes Ecoles

I. — Agriculture.

**Institut national agronomique.
Ecole secondaire d'enseignement professionnel des Barres.
Ecoles nationales d'Agriculture.
Ecoles nationales vétérinaires.
Ecoles pratiques d'agriculture.
Ecole supérieure d'agriculture d'Angers.
Ecole nationale des Industries agricoles de Douai.
Ecoles nationales d'industrie laitière.
Institut agricole de Beauvais.
*Ecole nationale d'agriculture pour jeunes filles de Coëtlogon-Rennes.
Ecole d'horticulture de la Ville de Paris et du département de la Seine.
Ecole nationale d'Horticulture du Potager de Versailles.

II. — Industrie.

a) *Ecoles d'ingénieurs*

Ecole Polytechnique.
**Ecole Centrale des Arts et Manufactures (1re et 2e partie).
**Ecole supérieure d'Aéronautique et de Construction mécanique.
Ecoles nationales d'Arts et Métiers.
Ecole centrale lyonnaise.
Ecole des Ingénieurs de Marseille.
Institut industriel du Nord de la France (année préparatoire).
Institut industriel du Nord de la France (Section du Génie civil).
Ecoles libres d'Arts et Métiers.

b) *Industries électriques*

**Ecole supérieure d'Electricité de Paris.
**Institut Electrotechnique de Grenoble (section élémentaire).
**Institut Electrotechnique de Grenoble (section supérieure).
**Institut Electrotechnique et de Mécanique appliquée de Nancy.
Institut Electrotechnique de Lille.
Institut Electrotechnique et de Mécanique appliquée de Toulouse (cours préparatoire).
Institut Electrotechnique et de Mécanique appliquée de Toulouse (première année).
Institut Electrotechnique et de Mécanique appliquée de Toulouse (section spéciale).
Ecole d'Electricité et de Mécanique industrielle (cours préparatoire).
Ecole d'Electricité et de Mécanique industrielle (cours normal).

c) *Industries chimiques*

**Ecole municipale de Physique et de Chimie industrielles de la Ville de Paris.
**Institut de Chimie appliquée de Paris.
**Ecole de Chimie industrielle de Lyon.
**Instituts régionaux de Chimie.
Instituts de Chimie et de Technologie industrielle de Clermont-Ferrand.
Ecole supérieure de Chimie de la ville de Mulhouse.
Laboratoire de pétrole de l'Institut de Chimie de Strasbourg.

* Les Ecoles dont le titre est précédé d'un astérisque ne sont ouvertes qu'aux jeunes filles.
** Les Ecoles dont le titre est précédé de deux astérisques sont ouvertes, dans les mêmes conditions, aux candidats des deux sexes.

d) *Ecoles professionnelles*

Ecoles nationales professionnelles.
Ecole d'horlogerie de Paris.
Ecoles municipales professionnelles de la ville de Paris (Boulle, Diderot, Dorian).
**Ecole française de tannerie de Lyon.
Ecole française de papeterie de Grenoble.
Ecole coloniale d'apprentissage de Dellys (Alger).
Ecole de tissage, draperie et filature d'Elbeuf.
Ecole de tissage et de filature de Mulhouse.

III. — Travaux publics et Mines

Ecole nationale des Ponts et Chaussées.
Ecole supérieure des Mines.
Ecole nationale des Mines de Saint-Etienne.
Ecole des maîtres-mineurs d'Alais et de Douai.
Institut d'enseignement commercial supérieur de Strasbourg.

IV. — Commerce.

Ecole des Hautes Etudes commerciales.
Ecole supérieure pratique de Commerce et d'Industrie (premier cycle).
Ecole supérieure pratique de Commerce et d'Industrie (deuxième cycle).
Ecoles supérieures de Commerce.
*Ecole pratique de haut enseignement commercial pour les jeunes filles.
Institut d'enseignement commercial supérieur de Strasbourg.

V. — Armée et Marine.

a) *Armée de Terre.*

Ecole Polytechnique.
Ecole spéciale militaire de Saint-Cyr.
Ecoles militaires de sous-officiers élèves officiers.
Ecole d'administration militaire de Vincennes.
Ecole des dessinateurs géographes du Service géographique de l'armée.
Ecole d'officiers et d'élèves-officiers de Gendarmerie de Versailles.

b) *Marine de Guerre*

Ecole Navale.
Ecole des élèves-officiers de Marine.
Ecole des élèves-officiers mécaniciens.
Ecole des mécaniciens des équipages de la Flotte.
Ecoles de sous-officiers de Marine: *a*) Ecole de Brest; *b*) Ecole de Toulon.
Ecole du Commissariat de la Marine.
Ecole d'Administration de Rochefort.

c) *Marine marchande*

Ecoles nationales de navigation maritime.
Ecoles nationales de navigation maritime (examen des bourses).
Ecole des apprentis mécaniciens de la marine.
Navire-Ecole de la Compagnie Générale Transatlantique, section préparatoire : officiers de pont.
Navire-Ecole de la Compagnie Générale Transatlantique, section préparatoire: officiers mécaniciens.

VI. — Enseignement.

Ecoles normales supérieures (section des sciences).
Ecoles normales supérieures (section des lettres).
**Ecole des Chartes.
Ecoles normales supérieures de Saint-Cloud et de Fontenay-aux-Roses (*).
**Ecole normale de l'enseignement technique.
**Ecoles normales primaires.
Ecole nationale des langues orientales vivantes.

VII. — Beaux-Arts.

**Ecole nationale des Beaux-Arts (section d'architecture).
**Ecoles nationales des Arts décoratifs de Paris et des départements.

---

* Les Ecoles dont le titre est précédé ou suivi d'un astérisque ne sont ouvertes qu'aux jeunes filles.
** Les Ecoles dont le titre est précédé de deux astérisques sont ouvertes dans les mêmes conditions aux candidats des deux sexes.

Ecole de céramique de Sèvres.
Ecole municipale des Arts appliqués à l'Industrie.

VIII. — **Colonies.**

**Ecole coloniale.
Ecole coloniale d'agriculture de Tunis.
Institut agricole d'Algérie, à Maison-Carrée.
**Institut national d'agronomie coloniale, à Nogent-sur-Marne.
Institut agricole et colonial de l'Université de Nancy.

IX. — **Assistance publique.**

*Ecole d'accouchement de la Maternité.
*Ecole des infirmières de l'Assistance publique.

Pour être exactement renseigné sur les conditions d'admission aux grandes Ecoles, sur les programmes, la durée des études, etc..., ainsi que *sur les préparations spéciales de l'Ecole Universelle et sur le prix de chacune d'elles, demander l'envoi gratuit de sa*

BROCHURE N° 629 SPÉCIALE AUX GRANDES ECOLES.

Carrières de l'Industrie des Travaux Publics et de l'Agriculture

Les sections techniques de l'*Ecole Universelle* ont pour objet de mettre à la disposition des chefs d'entreprise, dans toutes les branches de l'industrie, de l'Agriculture, des *Ingénieurs, Sous-Ingénieurs, conducteurs, dessinateurs, contremaîtres*, etc., pourvus d'une solide culture scientifique et technique.

L'enseignement technique de l'*Ecole Universelle est affranchi de la rigidité des programmes officiels* et débarrassé de toutes les matières superflues.

Il a été rationnellement organisé pour *répondre à tous les besoins de l'industrie,* de sorte que chaque élève, à la fin de ses études, est assuré de trouver sa place dans le vaste chantier de la France.

Il est conçu de manière à donner aux élèves, en même temps que les connaissances générales préparatoires et toutes les connaissances techniques utiles à l'exercice d'une profession déterminée, ce tour d'esprit nécessaire pour faire *servir les connaissances théoriques à la solution des difficultés pratiques.*

Si vous hésitez pour choisir une carrière dans l'industrie, adressez-vous au *Service de renseignements de l'Ecole Universelle,* auquel collaborent des professeurs et ingénieurs appartenant à toutes les branches de l'Industrie.

Si votre choix est arrêté, ne commencez pas vos études avant de savoir comment est organisé et comment fonctionne l'enseignement technique de l'*Ecole Universelle.*

Voici la liste des principales fonctions auxquelles préparent les sections techniques de l'*Ecole Universelle:*

FONCTIONS DU 1er DEGRÉ

(*accessibles aux candidats pourvus d'une instruction primaire très élémentaire*)

Contremaître monteur électricien.
Radiotélégraphiste.
Contremaître ajusteur-mécanicien.
Contremaître monteur-mécanicien.
Chef d'atelier de découpage et d'emboutissage des métaux.
Contremaître chaudronnier.
Contremaître fondeur.
Contremaître mécanicien d'automobile.
Contremaître mécanicien d'aviation.
Maître mineur.
Chef de chantier de travaux publics.
Commis d'architecte.
Contremaître charpentier.

---

* Les Ecoles dont le titre est précédé d'un astérisque ne sont ouvertes qu'aux jeunes filles.
** Les Ecoles dont le titre est précédé de deux astérisques sont ouvertes dans les mêmes conditions aux candidats des deux sexes.

Contremaître menuisier.
Contremaître appareilleur.
Chef d'entreprise de peinture du bâtiment.
Métreur dans les diverses branches du bâtiment.
Métreur de travaux publics.
Aide-géomètre.
Préparateur chimiste.
Contremaître mécanicien frigoriste.
Assistant d'exploitation agricole.
Viticulteur ou assistant d'exploitation viticole.
Horticulteur ou assistant d'exploitation horticole.
Eleveur ou assistant d'exploitation d'élevage.
Aviculteur ou assistant d'exploitation avicole.
Apiculteur.
Contremaître de laiterie, beurrerie, fromagerie.
Contremaître de sucrerie et distillerie.
Contremaître de meunerie et boulangerie.
Contremaître de féculerie, amidonnerie, glucoserie.
Contremaître de brasserie.
Mécanicien agricole.

FONCTIONS DU 2e DÉGRÉ

(accessibles aux candidats pourvus d'une bonne instruction primaire élémentaire)

Conducteur électricien.
Chef de poste de T. S. F.
Conducteur mécanicien.
Conducteur mécanicien d'automobile.
Conducteur mécanicien d'aviation.
Conducteur de travaux des mines.
Conducteur de travaux publics.
Conducteur de travaux en béton armé.
Conducteur de travaux du bâtiment.
Dessinateur dans l'une des diverses branches de l'industrie.

FONCTIONS DU 3e DÉGRÉ

(accessibles aux candidats pourvus d'une bonne instruction primaire supérieure)

Sous-ingénieur électricien.
Sous-ingénieur radiotélégraphiste.
Sous-ingénieur mécanicien.
Sous-ingénieur mécanicien d'automobile.
Sous-ingénieur mécanicien d'aviation.
Sous-ingénieur métallurgiste.
Sous-ingénieur de mines.
Sous-ingénieur d'exploitation pétrolifère.
Sous-ingénieur de travaux publics.
Sous-ingénieur architecte.
Sous-ingénieur de construction en béton armé.
Sous-ingénieur géomètre.
Chef de bureau de dessin.
Sous-ingénieur mécanicien frigoriste.
Chimiste.
Sous-ingénieur d'exploitation agricole.
Sous-ingénieur d'exploitation agricole coloniale.

Sous-ingénieur commercial.
- Mention électricité.
- Mention mécanique.
- Mention automobile.
- Mention aviation.
- Mention métallurgie.
- Mention chimie.

FONCTIONS DU 4e DEGRÉ

(accessibles aux candidats possédant les connaissances exigées pour le baccalauréat, 2e partie, mathématiques).

Ingénieur électricien.
Ingénieur radiotélégraphiste.
Ingénieur mécanicien.
Ingénieur mécanicien d'automobile.

Ingénieur mécanicien d'aviation.
Ingénieur métallurgiste.
Ingénieur de mines.
Ingénieur d'exploitation pétrolifère.
Ingénieur de travaux publics.
Ingénieur architecte.
Ingénieur spécialiste de chauffage et ventilation.
Ingénieur spécialiste d'alimentation en eau et installlations sanitaires.
Ingénieur spécialiste de construction en béton armé.
Expert géomètre.
Ingénieur dessinateur.
Ingénieur chimiste.
Ingénieur mécanicien-frigoriste.
Ingénieur d'exploitation agricole.
Ingénieur d'exploitation agricole coloniale.
Ingénieur commercial.
- Mention électricité.
- Mention mécanique.
- Mention automobile.
- Mention aviation.
- Mention métallurgie.
- Mention chimie.

Administrateur rural.
Administrateur rural colonial.

Pour connaître le programme détaillé des cours que comprennent les diverses préparations de l'Ecole Universelle *et le prix de chacune d'elles, demandez l'envoi gratuit de sa*

BROCHURE N° 635 RELATIVE AUX CARRIÈRES DE L'INDUSTRIE, DES TRAVAUX PUBLICS ET DE L'AGRICULTURE.

Carrières du Commerce, de la Banque, de la Bourse, des Assurances, de l'Hôtellerie

Les jeunes gens et jeunes filles qui, au terme de leurs études primaires ou secondaires, désirent trouver dans le commerce une situation honorable et immédiatement lucrative et consacrer leur activité au développement économique du pays, peuvent, grâce à l'enseignement par correspondance de *l'Ecole Universelle,* acquérir sans déplacement, dans le minimum de temps, avec le minimum de frais, tout en occupant dan une maison de commerce un emploi de début, les connaissances générales et professionnelles nécessaires pour s'assurer dans les affaires une brillante situation.

Pour réussir dans le commerce, deux conditions sont indispensables : savoir choisir sa voie et se préparer, par une éducation professionnelle appropriée, à rendre immédiatement des services dans le poste où l'on sera placé.

La nécessité d'organiser scientifiquement le entreprises a conduit à diviser entre de multiples agents, dont chacun est spécialisé dans une tâche déterminée, des fonctions qui étaient autrefois remplies par une seule personne. Il en résulte que, si l'on peut toujours parler de la *carrière commerciale,* on doit cependant tenir compte de ce fait que cette carrière comporte une *multiplicité de situations,* dont chacune requiertdes aptitudes naturelles déterminées et une éducation professionnelle appropriée.

Tel qui a le goût des chiffres et qui se reconnaît des qualités d'ordre et de méthode, peut faire une brillante carrière dans les services de comptabilité, mais ne pourrait, faute d'esprit d'initiative, d'audace raisonnée, occuper avec bonheur le poste d'administrateur commercial.

Tel autre que son physique avenant, son élocution facile, son imagination féconde, son esprit prompt à s'assimiler des connaissances variées désignent tout naturellement pour devenir un excellent représentant de commerce, manque des qualités d'ordre, de méthode et peut-être de cette facilité à s'exprimer par écrit, qui sont nécessaires au succès dans les fonctions de secrétaire commercial.

Quel que soit son choix, le jeune homme ou la jeune fille qui se destine aux affaires doit se préoccuper d'acquérir les connaissances professionnelles nécessaires à l'exercice de ses futures fonctions. Pour pouvoir répondre à la question : « Que savez-vous faire ? » que lui posera infailliblement son futur patron, il doit compléter ses études générales par une éducation technique appropriée.

Jadis, le commerce s'apprenait par routine au magasin. Aujourd'hui, on a la prétention de former des commerçants sur les bancs d'une école. Conception erronée dans les deux cas : les procédés de pratique courante doivent s'étudier dans une maison de commerce et non à l'école, mais c'est à l'école seulement qu'on peut acquérir les idées et les principes sans lesquels ces procédés ne seraient que des gestes indéfiniment répétés sans jamais être compris ni systématisés.

Les Allemands avaient si bien compris cette nécessité, qu'ils avaient organisé des écoles dites de demi-temps, où les élèves passaient une partie de la journée au magasin, l'autre dans les classes.

C'est un programme encore mieux compris que réalise l'*Ecole Universelle:* mettre à la portée de tous ceux qui sont déjà dans les affaires ou qui ont le désir d'y entrer, les moyens d'acquérir les connaissances nécessaires dans le commerce.

L'*Ecole Universelle* prépare notamment aux fonctions suivantes:

A. — **Commerce.**

Administrateur commercial.
Secrétaire commercial.
Commis de mandataire aux halles.
Attaché au contentieux.
Correspondancier.
Sténo-dactylographe.
Représentant de commerce.
Adjoint à la publicité.
Expert comptable.
Comptable (sans mention).
Comptable (avec mention d'une spécialité).
Teneur de livres.
Ingénieur commercial (*mentions: électricité, mécanique, automobile, aviation, chimie, métallurgie,* etc.).

B. — **Colonies.**

Agent de factoreries aux colonies.
Directeur de comptoir aux colonies.

C. — **Banque et Bourse.**

Commis de banque.
Attaché à la direction des banques.
Démarcheur.
Agent de change.
Fondé de pouvoir d'agent de change.
Commis principal d'agent de change.
Remisier.
Coulissier.

D. — **Assurance**

Employé et agent d'assurances.

E. — **Industrie hôtelière.**

Secrétaire-comptable d'hôtel.
Directeur-gérant d'hôtel.

Outre ses préparations complètes aux fonctions ci-dessus, l'*Ecole Universelle* donne également, sur un grand nombre de matières, des cours qui peuvent être suivis isolément.

Voici la liste de ces cours:

Commerce.
Correspondance commerciale.
Technologie des marchandises.
Géographie économique et commerciale.
Géographie coloniale.
Arithmétique et algèbre commerciales.
Opérations financières.
Théorie mathématique des assurances sur la vie et entreprises de capitalisation.
Cours élémentaire de comptabilité.
Comptabilité commerciale.
Comptabilité des établissements financiers.
Comptabilité des Sociétés de Commerce.
Comptabilité industrielle.
Comptabilités spéciales.
Comptabilité bancaire.
Economie et comptabilité agricoles.
Economie et comptabilité ménagères.
Economie et comptabilité hôtelières.
Comptabilité maritime.

Publicité.
Diplomatie commerciale appliquée à la représentation.
Organisation des bureaux modernes et méthodes de classement.
Organisation et administration des services industriels et commerciaux.
Cours élémentaire de banque.
Cours supérieur de banque.
Instruction pratique sur le bordereau d'escompte.
Méthode pour l'étude d'une affaire financière.
Change.
Usage des tables et des machines à calculer.
Technique des assurances.
Législation des assurances.
Organisation hôtelière.
Administration hôtelière.
Alimentation et boissons.
Législation commerciale des transports.
Exploitation commerciale des chemins de fer.
Langues vivantes (anglais, espagnol, italien, allemand).
Sténographie.
Dactylographie.
Ecriture.
Calligraphie.
Législation commerciale.
Législation commerciale maritime.
Notions de droit civil.
Législation fiscale.
Législation du travail et de la prévoyance sociale.
Economie politique.

*Pour être exactement renseigné sur les programmes et les méthodes des sections commerciale et hôtelière de l'*Ecole Universelle *et sur les prix de ses préparations, demandez l'envoi gratuit de sa*

BROCHURE N° 647 SPÉCIALE AUX CARRIÈRES DU COMMERCE.

Carrières administratives

Les jeunes gens et jeunes filles qui désirent faire leur carrière dans une grande administration ont un intérêt capital à commencer sans retard leur préparation au concours d'admission, de manière à n'être pas devancés par leurs concurrents éventuels. Une préparation méthodiquement conduite, sans à-coups et sans précipitation, donne seule la certitude du succès.

Ils doivent surtout, pour éviter toute perte de temps, toute fausse manœuvre qui les conduirait à un échec, et engendrerait le découragement, confier la direction de leur travail à des maîtres compétents et dévoués.

Ils n'en sauraient trouver de meilleurs que ceux de l'*Ecole Universelle*. Ce sont en effet des professeurs de l'Université et des fonctionnaires supérieurs des grandes administrations publiques, parfaitement au courant de l'interprétation des programmes, puisque beaucoup d'entre eux ont fait partie, à maintes reprises, des jurys d'examens.

La preuve indiscutable de leur compétence et de leur dévouement se trouve dans le nombre et la qualité des succès que remportent les candidats et candidates qui travaillent sous leur direction.

C'est par *milliers* que se comptent, dans le personnel des grandes administrations publiques et privées, les anciens élèves de l'*ECOLE UNIVERSELLE*. En **DEUX ANS** seulement, **CENT SIX** de ses élèves ont été admis avec le **NUMÉRO UN** à la suite d'examens ou concours auxquels prennent part les postulants et postulantes de la France entière.

Aucun autre établissement ne pourrait faire état de succès aussi nombreux ni aussi brillants, qui placent hors de pair le corps enseignant et les méthodes de l'*ECOLE UNIVERSELLE*.

Pour faire choix d'une situation dans les grandes administrations, *demandez l'envoi gratuit de la*

BROCHURE N° 653 RELATIVE AUX CARRIÈRES ADMINISTRATIVES.

Carrière d'Officier de la Marine marchande

Il n'est pas nécessaire, pour entrer dans la marine marchande et y faire une brillante carrière, d'être fils de marin ou même d'avoir vécu dans le voisinage d'un port.

Les candidats aux divers brevets de la marine marchande peuvent subir l'examen avec les plus grandes chances de succès, après avoir suivi l'enseignement spécial par correspondance de l'*Ecole Universelle, placée sous le haut patronage de l'Etat et en particulier* **sous le haut Patronage de M. le Sous-Secrétaire d'Etat de la Marine Marchande.**

Les jeunes gens intelligents et actifs ont, grâce à l'enseignement de l'*Ecole Universelle*, accès aux situations toujours très avantageuses et souvent extrêmement brillantes **d'officier de pont, d'officier mécanicien, de commissaire de la Marine Marchande.**

Il convient d'insister sur ce fait que les futurs capitaines au long cours peuvent conquérir leur premier titre professionnel : diplôme d'élève-officier de la marine marchande sans avoir jamais navigué, sans être obligé d'abandonner la situation qui les fait vivre et, quelle que soit leur résidence, l'*Ecole Universelle* a organisé des préparations spéciales, rigoureusement adaptées aux programmes et aux exigences manifestées par les jurys d'examens pour les examens ci-après :

Brevets du Pont

Diplôme d'élève-officier de la marine marchande.
Brevet de lieutenant au long cours.
Brevet de capitaine au long cours.
Brevet de capitaine de la marine marchande (examen de théorie, examen d'application).
Brevet de lieutenant au cabotage.
Diplôme de patron au bornage.

Brevets de Pêche

Brevet de patron de pêche.
Examen complémentaire de patron de pêche à capitaine de pêche.
Brevet de capitaine de pêche (examen de théorie, examen d'application).

Brevets de Mécanicien

Diplôme d'élève-officier mécanicien (examen de théorie, examen pratique).
Brevet d'officier mécanicien de première classe.
Brevet d'officier mécanicien de deuxième classe (examen de théorie, examen d'application).
Examen complémentaire pour les officiers mécaniciens de deuxième classe désirant passer officiers mécaniciens de première classe.
Brevets spéciaux pratiques.

Commissariat

Brevet de commissaire de la marine marchande.
Examen de commissaire des Messageries maritimes.

Brevets de Radiotélégraphiste

Radiotélégraphiste de bord (2e classe B, 2e classe A).
Radiotélégraphiste de bord (1re classe).

L'Ecole a également organisé des préparations spéciales aux concours en vue des fonctions de :

Administrateur de l'inscription maritime.
Chef de section de quatrième classe de l'inscription maritime.
Commis de 4e classe de l'inscription maritime.

Pour être exactement renseigné sur les situations d'officier de pont, d'officier mécanicien, de commissaire de la Marine marchande, etc., et sur les méthodes d'enseignement de l'*Ecole Universelle* pour les examens de la Marine marchande, demandez la

BROCHURE N° 662 SPÉCIALE A LA MARINE MARCHANDE.

Cours pratiques de Langues vivantes

(Anglais, Allemand, Italien, Espagnol, Esperanto)

Les *Cours pratiques* de l'*Ecole Universelle* procurent à tous le moyen d'acquérir chez eux, sans déplacement, par quelques minutes de travail quotidien et pour une dépense modique, une solide connaissance des langues étrangères, connaissance rationnelle, utilisable après quelques semaines d'étude.

Nos cours s'adressent aux personnes de tout âge, enfants, jeunes gens et adultes, à tous ceux qui considèrent soit comme une nécessité, soit comme un simple ornement de l'esprit, la connaissance des langues étrangères.

A ceux qui veulent se tenir au courant du mouvement politique, économique et social, aux ingénieurs, commerçants, etc., qui veulent s'informer des techniques nouvelles, nos cours fournissent le moyen de se documenter directement par la lecture des journaux et des ouvrages contemporains.

A ceux qui se proposent de voyager à l'étranger, ils permettent d'une part d'acquérir les connaissances linguistiques nécessaires pour se faire comprendre dans toutes les circonstances de leur séjour, d'autre part de s'initier à la vie pratique des autres nations.

Aux élèves des lycées, collèges et écoles, ils donnent la possibilité d'apprendre très rapidement une langue supplémentaire et de se placer parmi les meilleurs élèves de la classe qu'ils suivent déjà.

A ceux qui se destinent au commerce en France ou à l'étranger, les *Cours pratiques commerciaux de langues vivantes* de l'*Ecole Universelle* enseignent en peu de temps à traduire et à rédiger la correspondance commerciale, à converser dans la langue spéciale aux affaires, à établir et à utiliser les documents commerciaux en usage dans les pays étrangers.

Nos cours comprennent trois parties pour chaque langue: 1° Le *Cours pratique élémentaire;* 2° Le *Cours pratique supérieur;* 3° Le *Cours pratique commercial.* Pour l'anglais, nous avons organisé en outre un « Cours pratique d'anglais maritime ».

A nos cours de langues vivantes, s'ajoute notre cours d'*Espéranto,* qui vient heureusement en compléter le cycle. L'espéranto, destiné exclusivement aux relations internationales, est extrêmement utile à tous ceux qui désirent se mettre en rapport avec des personnes dont ils ne connaissent pas la langue. L'association espérantiste compte en effet des délégués, qui peuvent servir de guides et d'interprètes, dans un millier de villes du monde.

Notre enseignement étant essentiellement individuel, l'élève peut aborder l'un quelconque de nos cours à n'importe quelle époque de l'année et en fixer la durée à son gré, selon le temps dont il dispose chaque jour et selon la rapidité de ses progrès.

L'expérience a montré qu'un élève qui travaille peu de temps à la fois, mais souvent et régulièrement, à raison de *deux quarts d'heure par jour,* par exemple, et qui profite, en outre, des nombreuses minutes « creuses » ou perdues de la journée pour répéter méthodiquement les notions acquises, peut en *trois mois,* s'assimiler parfaitement l'un de nos cours.

Dans ces conditions, *six mois suffisent* à une personne qui ignore complètement une langue étrangère, pour en acquérir une connaissance approfondie, en suivant:

soit le *Cours élémentaire puis le Cours supérieur,*
soit le *Cours élémentaire puis le Cours commercial.*

A qui aborde successivement les trois cours, huit mois suffisent, à raison d'une demi-heure de travail quotidien.

Pour avoir sur nos *Cours* de *Langues vivantes* des renseignements plus détaillés, demandez l'envoi gratuit et franco de la BROCHURE N° 671.

Orthographe, Rédaction, Rédaction épistolaire, Calcul, Calcul extra-rapide, Ecriture, Calligraphie, Dessin

Pour faire son chemin dans la vie ou simplement pour ne point faire figure d'ignorant, il est indispensable à tout le monde

de connaître l'orthographe,
de rédiger correctement,
de savoir composer une lettre,
de calculer vite et sans erreur,
d'écrire lisiblement,
de savoir dessiner.

Combien de personnes déplorent les lacunes que présente à cet égard leur instruction et regrettent de n'être plus « à l'âge où l'on peut encore faire ses études! »

Qu'elles sachent donc que, grâce à l'enseignement par correspondance de l'*Ecole Universelle,* on peut, *à tout âge et dans toute situation,* apprendre facilement l'*Orthographe,* la *Rédaction,* la *Rédaction épistolaire,* le *Calcul,* la *Calligraphie,* le *Dessin,* moyennant une heure par jour de travail attrayant, pendant quelques semaines.

Il est donc au pouvoir de chacun d'améliorer son instruction, et par suite sa situation, sans sortir de chez soi, en poursuivant d'autres études ou en exerçant une profession et même, si on le juge utile, sans que personne le sache, attendu que, sur simple demande, les envois de l'*Ecole Universelle* sont faits sans aucune marque extérieure.

C'est *un devoir impérieux pour les parents* de faire acquérir à leurs enfants ces connaissances fondamentales, indispensables dans toutes les situations.

C'est une *nécessité absolue pour les adultes* de combler les lacunes de leur instruction première ou de se remémorer ce qu'ils ont pu oublier de ces connaissances fondamentales.

Pour avoir, sur nos *Cours pratiques d'Orthographe*, de *Rédaction*, de *Rédaction épistolaire*, de *Calcul*, de *Calcul extra-rapide*, d'*Ecriture*, de *Calligraphie*, de *Dessin*, des renseignements détaillés, demandez l'envoi gratuit de la

BROCHURE N° 680.

Enseignement Musical

L'enseignement musical de l'*Ecole Universelle* s'adresse à toutes les personnes qui, par goût ou par nécessité professionnelle, désirent acquérir une culture musicale complète ou approfondir sur certains points celle qu'elles possèdent déjà.

Cet enseignement constitue un ensemble complet.

A. MUSIQUE INSTRUMENTALE

Nos cours de *piano*
et de *violon*
permettent une étude approfondie des instruments les plus flatteurs, les plus appréciés et les plus demandés.

Ils comportent chacun trois degrés où la difficulté est méthodiquement graduée. C'est pourquoi ils conviennent non seulement aux débutants de tous âges, mais aux musiciens déjà formés qui recherchent dans la musique, soit des joies artistiques, soit des ressources matérielles qui peuvent être considérables.

B. MUSIQUE THÉORIQUE

Les *Cours de Solfège* sont destinés à toutes les personnes qui désirent aborder l'étude d'un instrument ou du chant, combler les lacunes de leur éducation, préparer un examen dont le programme comporte du solfège.

Le *Cours de Chant grégorien* et le *Cours de Transposition* sont indispensables à tous ceux qui veulent poursuivre des études supérieures de musique.

Les *Cours d'Harmonie* conviennent à tous les amateurs, à tous les professionnels qui désirent se livrer à la composition, goûter pleinement les œuvres des maîtres, perfectionner leur culture en vue des concours d'entrée au Conservatoire, de la licence ès-lettres (certificat d'histoire de la musique), des professorats et des examens de chef ou sous-chef de musique.

Les *Cours de Contre-point,*
de Fugue,
de Composition,
d'Instrumentation et d'Orchestration,

sont indispensables à tous les musiciens de carrière, aux compositeurs, aux directeurs de sociétés musicales, aux chefs d'orchestre.

L'enseignement musical par correspondance de l'*Ecole Universelle* n'a nulle part son équivalent. Les plus hautes personnalités du monde musical contemporain ont apprécié, dans les termes les plus élogieux, les services qu'il peut rendre. Des sommités de la musique française lui ont donné leur approbation et leurs encouragements.

L'*Ecole Universelle* est le seul établissement qui jouisse du prestige nécessaire pour avoir pu s'assurer le concours d'un corps enseignant d'élite constitué par des maîtres éminents, pourvus des titres les plus élevés, tels que Grand Prix de Rome et Membre du Jury du Conservatoire National. Les élèves peuvent subir en fin d'études les épreuves d'examens à la suite desquels sont délivrés des prix et des accessits constitués par des diplômes qui peuvent rendre de précieux services à leurs titulaires.

Pour avoir sur nos cours de musique des renseignements détaillés, demandez l'envoi gratuit de la BROCHURE N° 697.

Carrières de Dessinateur, Décorateur, Professeur de dessin

Notre enseignement artistique est destiné à tous les jeunes gens, à toutes les jeunes filles, à tous les adultes qui désirent s'assurer la joie profonde de s'exprimer dans cette langue universelle qu'est le dessin, de fixer par le trait les scènes de la nature et de la vie, afin de conserver [illegible] souvenir durable d'impressions fugitives. Comme il est dirigé par des [illegible] il permet aux élèves, au moyen d'un effort minime, de devenir, selon leur goût, des [illegible] nels dans l'illustration d'ouvrages, de publications, des peintres d'affiches, des dessinateurs de publicité ou de mode, des décorateurs dans toutes les branches de l'art, ou des professeurs de dessin.

Il constitue un cycle entièrement complet et approfondi. Chaque cours s'adresse d'ailleurs à une catégorie spéciale d'élèves.

Le *Cours pratique de Dessin* est destiné à tous les débutants, à tous ceux qui veulent dans la vie courante, utiliser pratiquement la connaissance du dessin.

Notre *Cours d'Anatomie artistique* est indispensable à tous ceux qui désirent faire une étude poussée du portrait, de la statuaire, et du dessin d'art.

Notre *Cours de Dessin d'illustration* intéresse tous ceux qui désirent exprimer par des traits leurs idées et leurs impressions devant la nature et la vie ou qui veulent tirer profit de la vente de leurs croquis.

Notre *Cours de Dessin de Figurines de Mode* est destiné à toutes les personnes qui apprécient les charmes de la mode et qui désirent exercer l'art rémunérateur qu'est le dessin pour publications de mode ou pour catalogues des grands magasins.

Le *Cours d'Histoire de l'Art* (antiquité, temps modernes, époque contemporaine) convient à tous ceux qui considèrent que le talent des maîtres des époques antérieures constitue une source de développement et d'inspiration artistiques.

Le *Cours de Composition décorative* est indispensable à tous les artistes qu'intéresse la décoration des tissus, du papier, du bois, des métaux, ainsi que l'art des céramistes et des verriers.

Le programme de notre *Cours d'Aquarelle* permet une étude approfondie de tous les genres, depuis les natures mortes, les paysages, les marines, jusqu'au portrait. La délicatesse de l'aquarelle n'exclut pas la puissance et la vigueur. Son étude captivante, qui charme à la fois les jeunes filles, les jeunes gens, les adultes, peut devenir très lucrative, si l'artiste tient à retirer un profit matériel de son travail.

Nos *préparations spéciales à tous les professorats de dessin* conviennent aux personnes qui veulent s'assurer une situation officielle dans les établissements publics ou enseigner pour leur compte personnel ou dans les académies privées.

Nos préparations complètes aux métiers d'art permettent à chacun de se préparer parfaitement aux fonctions de

Directeur ou chef d'entreprise de décoration artistique,
Chef d'atelier de décoration artistique,
Dessinateur ou dessinatrice de publicité,
Dessinateur ou dessinatrice sur étoffes,
Illustrateur,
Décorateur ou décoratrice céramiste,
Décorateur ou décoratrice d'intérieurs et d'Ameublement,
Dessinateur ou dessinatrice de figurines de mode,
Caricaturiste.

Des diplômes correspondant à ces fonctions peuvent être délivrés aux élèves après des examens dont les épreuves sont subies à Paris.

Pour avoir sur nos cours de dessin d'art et nos préparations des renseignements détaillés, demandez l'envoi gratuit de la

BROCHURE N° 698, SPÉCIALE A L'ENSEIGNEMENT DU DESSIN.

ÉCOLE UNIVERSELLE,

59, Boulevard Exelmans, (Paris-XVIe)

www.ingramcontent.com/pod-product-compliance
Ingram Content Group UK Ltd.
Pitfield, Milton Keynes, MK11 3LW, UK
UKHW021004220726
13924UKWH00002B/893

9 782329 039428